Comment sortir du manque d'argent

Apotre Ji Mananga

TABLE DES MATIERES

Dédicace

J'aimerais dédier ce livre au Dieu de mon salut, Jésus Christ, qui est la source de mon inspiration et qui m'a donné toute l'inspiration.

A tous ceux qui, de loin ou de près ont contribué matériellement et spirituellement dans mon ministere et a la realisation de cet ouvrage

A Jésus seul soit la gloire.

Préface

Une société où sévit la pauvreté est beaucoup plus vulnérable et exposée à connaître moins d'épanouissement et de développement.

Il existe des nations dites pauvres et aussi des pauvres citoyens qui vivent la pauvreté même dans des pays dits développés. Certains paramètres sont définis afin de déterminer le niveau de vie de ces nations et aussi des citoyens qui y vivent. La pauvreté est un mal qui détruit les êtres humains qui, pourtant sont appelés à vivre une vie heureuse selon la volonté du Créateur.

D'où la raison de poser un certain nombre de questions: Quelles en sont les causes? Et comment sortir de la pauvreté pour accéder à la richesses? Comment gagner et gérer utilement son argent?

La Bible en a grandement réservé de centaines des chapitres et versets en démontrant les méfaits de la pauvreté. Et l'auteur se lève aussi pour démontrer qu'il est possible de sortir de la pauvreté pour devenir riche si l'on réalise qu'il y a des lois qui gouvernent le monde et qui peuvent aider à changer sa situation financière. C'est de cela qu'il est question dans cet ouvrage.

La volonté de Dieu est que nous puissions prospérer à tous égards. (3 Jean 1 :2)

J. Mananga aborde cette question avec beaucoup plus de sérieux. Il est parti des observations tirées sur certaines populations pour une période plus longue qui lui ont permis d'émettre certaines conclusions. Il a le souci de réveiller et révolutionner les esprits de ceux qui se sont enfermés dans un fatalisme frisant le contentement de leur état malheureux.

Il est dit que le travail procure l'abondance. Cependant, l'auteur constate que la modicité de salaire plonge beaucoup à vivre une vie de misère. A cet effet, il donne quelques conseils qui pourraient permettre à ceux qui les suivront d'améliorer leur niveau de vie.

Plusieurs voies se présentent à l'homme pour avoir l'argent. Il y a des voies officielles et aussi des voies non officielles. Les charlatans s'y mêlent et les satanistes en profitent pour s'accaparer des âmes de certains en retour de l'argent qu'ils leur donnent.

Dans cet ouvrage, l'auteur nous présente les voies officielles qui peuvent permettre à l'homme de vivre une vie financière équilibrée.

Introduction

Le souci qui nous anime à ce moment est de répondre à plusieurs points d'interrogation qui submergent les esprits de plusieurs en rapport avec leurs finances.

Après des années d'apprentissage et de lecture sur les finances, nous avons voulu écrire un livre qui inspirera et changera la vie financière des gens surtout les chrétiens. Tout ce que vous lisez dans ce livre, nous le pratiquons tous les jours au point d'en faire une partie de notre vie, pas étonnant que nos finances soient passées à un autre niveau.

Nous croyons qu'après avoir lu ce livre et en avoir fait une partie de votre vie, vous obtiendrez des résultats positifs dans vos finances. Après avoir créé Adam et Eve, Dieu les bénit et dit: « Soyez

féconds, multipliez, remplissez la terre, et l'assujettissez; et dominez sur les poissons de la mer, sur les oiseaux du ciel, et sur tout animal qui se meut sur la terre. » (Genèse 1 :28)

La volonté de Dieu est bien claire, que l'homme vive la multiplication, l'abondance et qu'il soit financièrement, matériellement et spirituellement indépendant. Cependant, ce que nous vivons quotidiennement contraste avec cette volonté pourtant exprimée dans sa parole.

Un constat général est que le monde entier vit dans la pauvreté la plus noire. Même dans les pays dits développés, la silhouette de la pauvreté paraît plus frappante et se lit sur le visage de plusieurs. Quelles en sont les causes? Dieu a -t-il créé l'homme pour le soumettre au calvaire? D'où vient la pauvreté et comment s'en sortir? Telles sont les questions auxquelles nous allons essayer de répondre à travers ces quelques lignes confectionnées dans cet ouvrage.

Au niveau de certaines églises, il s'agit d'un sujet tabou. Les hommes de Dieu attendent de fidèles des offrandes, la dîme, les actions de grâces sans toutefois leur montrer comment ils peuvent gagner de l'argent afin d'en soustraire les offrandes, et toutes contributions qu'ils sont appelés à donner dans l'église. Certains autres s'enlisent dans des considérations très simplistes en s'accrochant aux saintes écritures développées à tort et à travers telles qu'il faut chercher premièrement le royaume de Dieu. Nous avons entendu les enfants de Dieu dire par exemple:

Celui qui aime l'argent n'est pas rassasié par l'argent, et celui qui aime les richesses n'en profite pas. C'est encore là une vanité. » (Ecclésiaste 5 :10)

Ne vous livrez pas à l'amour de l'argent; contentez-vous de ce que vous avez; car Dieu lui-même a dit: Je ne te délaisserai point, et je ne t'abandonnerai point. (Hébreux 13 :5)

La première référence relève l'amour de l'argent comme un vice; mais avoir l'argent n'est pas une mauvaise chose. Nous savons que l'argent procure l'indépendance financière et matérielle, bref l'épanouissement de l'homme. Celui qui a de l'argent a la facilité de s'épanouir et de bénéficier de la création.

Comme pasteur, nous nous adressons tant aux chrétiens qu'aux païens, nous voulons dire ceux qui ne croient pas en Dieu ou ceux qui croient, mais ne pratiquent pas.

Dans le présent ouvrage, nous voudrions aider la communauté à savoir exploiter les principes qui peuvent leur permettre d'avoir l'argent qui puisse leur donner l'indépendance financière. Nous notons aussi qu'avoir l'argent n'est pas nécessairement devenir riche. L'occurrence des thèmes en rapport avec les finances dans la Bible est tellement dominante que nous sommes tenté de conclure qu'elle traduit la volonté de Dieu telle que déclarée au commencement.

Il n'y a pas en effet de clivage entre le matériel et le spirituel dans la perspective biblique. Les nombreux préceptes relatifs à la richesse tant dans l'Ancien Testament que dans le Nouveau Testament témoignent d'un domaine particulièrement sensible, une zone test pour notre foi, un lieu de vigilance de tous les instants, un terrain souvent glissant. Aussi est-ce sans hésitation et souvent sans réserve que les auteurs bibliques abordent ce sujet, à commencer par Jésus lui-même.

Nous développons quelques principes qui conduisent à l'épanouissement financier et éradiquent la pauvreté.

CHAPITRE 1
La Pauvreté, Un Péché ou une Malédiction?

En créant l'homme, Dieu dit: « Allez, multipliez et remplissez la terre et l'assujettissez. » Lorsque l'homme vit la pauvreté, c'est simple à comprendre qu'il est en dehors de la volonté de Dieu. Il vit dans la rébellion à la parole de Dieu, soit par péché, soit par malédiction. Car elle est l'opposée de la reproduction ou de la multiplication.

Nous ne pouvons pas parler de l'argent sans parler de la pauvreté qui est son opposé. Quels sont les critères qui permettent de déterminer le niveau de vie d'une nation ou de l'individu? Avant toutes choses, il convient de définir ce que l'on entend par pauvreté.

La pauvreté est un terme désignant la situation d'une personne, d'un groupe de personnes, d'une famille, d'une communauté ou d’une société qui ne dispose pas des ressources suffisantes ou rien du tout afin de satisfaire ses besoins fondamentaux et vivre normalement.

Par manque des ressources suffisantes, il y a impossibilité d’accéder aux services sociaux de base tels que la nourriture, l’eau potable, les vêtements, le logement, le chauffage, l’électricité et les communications, et de manière générale l’ensemble des conditions de vie, incluant l'accès à des soins de santé et l'éducation. C’est le cas des pays dits du tiers monde caractérisés par le chômage et la précarité des salaires pour ceux qui travaillent.

Nous nous trouvons en face de plusieurs tendances qui défendent chacune sa position sur cette question:

- La Bible reconnaît l’existence de la pauvreté dans la communauté et réserve plusieurs pages à ce thème non parce que c’est une qualité, mais quelque chose opposé au plan de Dieu.

- Certains autres considèrent que la pauvreté est la rébellion à la parole de Dieu de suite du péché de l’homme. Le comportement d'un individu peut avoir des conséquences sur sa prospérité ou sa déchéance matérielle.

- D’autres l’alignent purement sur la liste des malédictions.

- Certains s'interrogent si le Seigneur enrichit et appauvrit comme le déclarent les saintes écritures (1 Samuel 2 :7), s'il manifeste son approbation en accordant la prospérité à ceux qui le craignent, la pauvreté serait-elle alors un signe de malédiction?

Jésus était assis voyant comment les gens mettaient de l'argent dans le tronc. Assis en face du tronc, Jésus regardait comment la foule mettait de l'argent dans le tronc. De nombreux riches mettaient beaucoup. Vint une veuve pauvre qui mit deux petites pièces, quelques centimes. Appelant ses disciples, Jésus leur dit: « En vérité, je vous le déclare, cette veuve pauvre a mis plus que tous ceux qui mettent dans le tronc. (Marc 12 :41-44)

Jésus eut ses yeux sur une veuve pauvre. La pauvreté n'est pas une bonne chose. Un homme pauvre est une peste pour la société et vivra en dépendance permanente. Un pauvre n'a pas un mot à dire et n'est écouté par personne.

Nous plaçant sur le plan biblique, nous avons plusieurs passages qui nous montrent qu'il s'agit d'un péché et en même temps d'une malédiction.

Comment la Bible définit la pauvreté ou encore quelles sont les caractéristiques de la pauvreté dans la société?

Christ dit: Heureux les pauvres en esprit car ils hériteront le royaume. Ici il faut distinguer deux choses: le mot pauvre contient l'idée de la carence totale, de la privation totale comme il contient l'idée de l'insuffisance.

Dans notre exposé, nous aborderons les deux aspects. Nous dirons ainsi: pourquoi les gens vivent dans la privation partielle ou totale alors que Dieu les a bénis de toutes sortes de bénédictions spirituelles en Jésus Christ avant la fondation du monde? Dieu fait pleuvoir pour les bons et pour les mauvais, les justes et les injustes. Pourquoi la pauvreté a gagné même les églises de Dieu? Quelle est la place du pauvre dans la société? Il souffre moralement, mentalement, physiquement ou socialement. Il a des besoins auxquels il ne peut pas satisfaire. Il mange et s'habille difficilement, malade il ne peut pas se procurer les soins appropriés, en justice, il ne peut pas être écouté. Il est moralement diminué dans la société car personne ne l'écoute ni ne le considère. Il ne sait pas faire valoir ses droits car limité par les exigences juridiques auxquelles il ne peut pas satisfaire. Dieu fait droit à la veuve et à l'orphelin et ne fait acception de personne. (Deutéronome 10.17-18).

L'Epitre aux Corinthiens dit: étant venu pour les pauvres, Christ qui était riche s'est fait pauvre afin que par sa pauvreté ils deviennent riches. (2 Corinthiens 8)

Christ est venu pour protéger le pauvre. Ainsi avait-il pris sa place en se faisant pauvre. Il s'inscrivait dans la logique de la loi de Moïse qui défendait les droits du pauvre (Deutéronome 24.14-15). Jésus met dans le groupe des gens vulnérables, les veuves et les orphelins. Ainsi Jésus s'attaque aux chefs religieux qui dévorent les maisons des veuves pendant qu'ils donnent l'apparence pieuse par de longues prières » (Luc 20.47).

La Bible nous parle de la parabole de la veuve devant le juge inique. (Luc 18.1).:

Il y avait aussi dans cette ville une veuve qui venait lui dire: Fais– moi justice de ma partie adverse. Pendant longtemps il refusa. Mais ensuite il dit en lui–même: Quoique je ne craigne point Dieu et que je n'aie d'égard pour personne, néanmoins, parce que cette veuve m'importune, je lui ferai justice, afin qu'elle ne vienne pas sans cesse me rompre la tête. Le Seigneur ajouta: Entendez ce que dit le juge inique. Et Dieu ne fera–t–il pas justice à ses élus, qui crient à lui jour et nuit, et tardera–t–il à leur égard?

Face à son accusateur qui avait des moyens, elle n'avait pas moyen de payer le juge qu'elle ne pouvait qu'insister en sollicitant ses grâces. Le pauvre est exposé à toutes sortes d'injustice. Il subit au contraire la volonté du riche. Le riche a souvent la possibilité d'imposer sa volonté au pauvre par la violence et même de mettre sa santé ou ses jours en danger.

Le pauvre mérite d'être protégé: la loi interdisait, par exemple, de prendre en gage le moyen de subsistance que représentaient les deux meules; de retenir en gage le vêtement du pauvre pendant la nuit ; de forcer le domicile du pauvre pour se saisir d'un gage...
(Deutéronome 24.6, 10-13).

Un Péché

L'Eternel plaça Adam et Eve dans le jardin d'Eden pour le L'Eternel plaça Adam et Eve dans le jardin d'Eden pour le garder et le travailler. L'homme doit travailler et gagner son pain à la sueur de son front. Celui qui ne travaille pas n'a pas droit de manger.

Dieu a béni l'homme en lui commandant de multiplier, de remplir la terre et de l'assujettir. En relâchant, l'homme se rebelle au commandement de Dieu.

Le péché est une transgression volontaire ou non de loi divine, à savoir de commandements comme sacrés. Il vient du latin peccatum qui signifie faute, erreur. C'est manquer sa cible ou son objectif.

C'est aller au-delà des limites. (1 Jean 3 :4); c'est une dette ou offense.

Une des causes de la pauvreté dans la vie de certaines personnes est l'abandon de Dieu. Nous le tirons du texte d'Aggée ci-après:

Ainsi parle l'Éternel des armées: Ce peuple dit: Le temps n'est pas venu, le temps de rebâtir la maison de l'Eternel. C'est pourquoi la parole de l'Éternel leur fut adressée par Aggée, le prophète, en ces mots: Est-ce le temps pour vous d'habiter vos demeures lambrissées, Quand cette maison est détruite? Ainsi parle maintenant l'Éternel des armées: Considérez attentivement vos voies! Vous semez beaucoup, et vous recueillez peu, Vous mangez, et vous n'êtes pas rassasiés, Vous buvez, et vous n'êtes pas désaltérés, Vous êtes vêtus, et vous n'avez pas chaud; Le salaire de celui qui est à gages tombe dans un sac percé. Ainsi parle l'Éternel des armées: Considérez attentivement vos voies! Montez sur la montagne, apportez du bois, Et bâtissez la maison: J'en aurai de la joie, et je serai glorifié, Dit l'Éternel. Vous comptiez sur beaucoup, et voici, vous avez eu peu; Vous l'avez rentré chez vous, mais j'ai soufflé dessus. Pourquoi? dit l'Éternel des armées. A cause de ma maison, qui est détruite, Tandis que vous vous empressez chacun pour sa maison. C'est pourquoi les cieux vous ont refusé la rosée, Et la terre a refusé ses produits. J'ai appelé la sécheresse sur le pays, sur les montagnes, Sur le blé, sur le moût, sur l'huile, Sur ce que la terre peut rapporter, Sur les hommes et sur les bêtes, Et sur tout le travail des mains. (Aggée 1 :2-11)

Le prophète Aggée dénonce cette attitude du peuple en lui montrant les conséquences qu'ils encourent.

Comme conséquence: Les cieux ont refusé la rosée et la terre a refusé ses produits. La pauvreté est ainsi une conséquence de notre mauvaise conduite envers Dieu., l'auteur étant Dieu lui-même. L'homme travaille mais ne bénéficie pas de son revenu. Pourquoi le sac est troué? Il a abandonné son Créateur. Dans le même texte, Dieu montre ses largesses en promettant le bonheur au cas où le peuple montait à la montagne et apportait du bois.

Le livre de Chroniques en fait aussi mention. (2 Chroniques 24 :20):

L'Eternel envoya parmi eux des prophètes pour les ramener à lui, mais ils n'écoutèrent point les avertissements qu'ils en reçurent. Zacharie, fils du sacrificateur Jehojada, fut revêtu de l'esprit de Dieu; il se présenta devant le peuple et lui dit: Ainsi parle Dieu: Pourquoi transgressez-vous les commandements de l'Eternel? Vous ne prospérerez point; car vous avez abandonné l'Eternel, et il vous abandonnera.

On peut chasser les démons de pauvreté, mais en vain car ils ne sont pas responsables de la situation. Dieu dit lui-même: « J'ai appelé la sècheresse sur le pays, sur les montagnes, sur le blé, sur le mout, sur l'huile, sur ce que la terre peut rapporter, sur les hommes et sur les bêtes, et sur tout travail des mains. » (v11)

Une Malédiction

Car l'Eternel a en horreur les hommes pervers, Mais il est un ami pour les hommes droits; La malédiction de l'Eternel est dans la maison du méchant, Mais il bénit la demeure des justes; Il se moque des moqueurs, Mais il fait grâce aux humbles. (Proverbes 3 :31-34)

Pour comprendre ce terme « malédiction », nous nous référons à la définition du Dictionnaire Encarta ci-après:

« Un état de malheur inéluctable qui semble imposé par une divinité, le sort ou le destin. »

Dans l'histoire de la Bible, lorsqu'Adam et Eve avaient péché, le juste Juge prononça le verdict au terme duquel les auteurs du péché avaient chacun sa sanction (Genèse 3: 14-15):

- Au serpent: « Puisque tu as fait cela, te voilà maudit parmi tout le bétail et les animaux sauvages, tu te traineras sur le ventre et tu mangeras de la poussière tout au long de ta vie. Je susciterai l'hostilité entre toi-même et la femme, entre ta descendance et sa descendance.

Celle-ci t'écrasera la tête, et toi, tu lui écraseras le talon. » (Version du semeur 2000).

- A la femme, l'Eternel dit: « Je rendrai tes grossesses très pénibles, et tu mettras tes enfants au monde dans la souffrance. Ton désir se portera vers ton mari, mais lui te dominera. »

A l'homme, l'Eternel dit: « Puisque tu as écouté ta femme et que tu as mangé du fruit de l'arbre dont je t'avais défendu de manger, le sol est maudit à cause de toi. C'est avec beaucoup de peine que tu entreras ta nourriture tout au long de ta vie. » Lorsque Dieu remet de l'ordre après le déluge, Il dit:

Je ne maudirai plus jamais la terre à cause de l'homme, car le cœur de l'homme est porté au mal dès son enfance, et je ne recommencerai plus à détruire tous les êtres vivants comme je viens de le faire (Genèse 8 :21).

En lisant les trois sentences ci-haut, il peut être explicitement établi que la malédiction n'a été prononcée que pour le serpent tandis que la terre l'a été à cause de l'homme. Et pourtant les paroles prononcées pour le serpent, de même que celles qui sont prononcées pour Eve et Adam sont accompagnées des conséquences maléfiques.

En tout état de cause, le terme malédiction signifie « le mal qui a été déclaré sur ». Il est fait de deux mots: « mal » - « dictions » qui, ensemble signifient mauvaises paroles ou déclarations. Il vient du grec « Katara » qui signifie imprécation, ce qui est exécrable. « Katar » se trouve utilisé dans les passages de Galates 3 :10-13; Hébreux 6 :8; Jacques 3 :10; 2 Pierre 2 :14).

C'est aussi un rituel appelant les puissances divines à exercer leur action punitive contre un individu ou un groupe d'individus, objet de cette malédiction. Elle est aussi un malheur qui agit sur une réputation, qui fait que les autres vont se méfier de cette personne, comme un envoûtement négatif.

La Course Financière du Rat/tourner en rond

C'est justement l'une des raisons principales qui nous ont motivé à écrire ce livre: Ce constat que plus de la majorité de la population vit dans une course du rat à essayer de gagner un salaire mais pas à faire de l'argent. Les gens vivotent.

Que signifie cette expression: « la course du rat? » Le rat est enfermé dans une cage en labyrinthe qu'il essaie de tourner pour retrouver l'issue de sortie, mais n'en trouve pas. Il n'arrête pas; il continue à tourner en vain.

Pareillement, dans notre vie de chaque jours, nous nous battons pour sortir de certaines situations financières et sans résultat escompté. Nous nous trouvons au point de départ.

Plusieurs se trouvent enfermés dans un cercle vicieux qui fait qu'ils se trouvent toujours en train de vivre la même chose tous les temps. Ils travaillent, mais sont toujours mains vides cherchant à combler le vide par l'endettement continuel. Ils reçoivent des menaces de différents services et manquent pour n'avoir pas honoré leurs engagements financiers et cela d'une manière permanente. L'Eternel parle dans le livre d'Aggée:

Nos observations ont été faites sur un échantillon d'une communauté africaine et nous sommes arrivés à des conclusions suivantes:

1. Un grand nombre travaillent en temps partiel parce qu'ils cherchent à protéger les avantages sociaux qu'ils reçoivent du Gouvernement.

2. Ils vivent le luxe qui leur prend le gros de leurs économies qu'ils ne parviennent pas à honorer le reste des factures et engagements financiers ni de faire des économies.

Faire la course du rat signifie donc être emprisonné dans un cercle vicieux qui ne permet pas un progrès quelconque. C'est le cas de la majorité de la diaspora qui se débat comme un ours blessé sans succès. Souvent appelés à répondre à plusieurs demandes financières des membres de leurs familles restés dans leurs pays respectifs, ils se trouvent ainsi enfermés dans ce labyrinthe. Certains ont fatalement accepté la situation qu'ils se disent qu'ils n'ont pas le choix que continuer à se comporter comme ils le font. Ils envoient l'argent au pays, ils s'endettent dans l'entretemps pour survivre qu'ils ne parviennent pas à nouer les deux bouts du mois et honorer les autres factures. Difficile de s'en défaire!

La Rat Race est une expression anglophone pour décrire un système dans lequel on court indéfiniment sans pour autant avancer. Vous l'aurez sûrement compris, l'expression fait directement allusion à l'activité favorite des rongeurs en cage. Cette expression est souvent utilisée pour décrire le mode de vie actuel de la majorité de la population basé sur le salariat. Robert Kiyosaki, célèbre auteur de Père Riche Père Pauvre, a démocratisé cette expression. Dans la rat race, il y a une notion péjorative du salarié qui subit sa vie.

La course de rats désigne donc le travail, en tous cas le travail excessif. C'est l'idée que beaucoup de gens voient leur travail comme une poursuite sans fin, sans but et avec peu de récompense. Malheureusement la plupart de travailleurs ne ressentent pas à l'exception d'une minorité qui survit miraculeusement et se trouve heureuse et épanouie dans leur travail. La Rat Race est un schéma de vie dans lequel on échange son temps contre de l'argent pour acheter des biens de consommations et payer les factures. Puis la mécanique se répète de manière cyclique (mensuellement) jusqu'à la retraite. L'image de plus en plus répandue du travail comme d'une course de rats a conduit beaucoup de gens à reconsidérer leur propre attitude envers le travail, et à chercher un meilleur équilibre entre la vie personnelle et le travail.

La course du rat peut être une histoire héritée de la famille. Dans ce cas elle devient une malédiction. Vos grand parents n'avaient pas d'argent, vos parents aussi, maintenant c'est votre tour de vivre la vie de la famille. Ce lien ou encore ce cycle doit être rompu. En Christ le cycle peut être rompu et les conséquences éradiquées. Ainsi vous êtes détaché des péchés ou malédictions des parents.

La seule façon de sortir de cette course est de prendre un risque, c'est-à-dire éviter les mêmes erreurs que les prédécesseurs ont commises. Comment s'en sortir? Cela trouvera la réponse dans ce livre. En attendant, certaines précautions protocolaires peuvent être indiquées.

Certains se sont lancés sur la voie des crédits et les créditeurs le prennent au piège en leur offrant des conditions attrayantes, mais qui cachent leurs vraies intentions. Ils prennent plaisir au luxe en se servant des crédits voiture, maisons, mobiliers qui vont les forcer à de longues journées de travail afin de les repayer. Ils deviennent ainsi esclaves. Nous en avons connu qui sont tombés sur leur chemin de retour de travail et d’autres en ont succombé. On dit souvent qu’il n’est pas sage de mettre tous ses œufs dans le même panier, mais c’est précisément ce que font la plupart des gens en étant entièrement dépendants de leur seul salaire comme source de revenus. Ils n’essaient pas de faire des investissements ou de diversifier leurs sources de revenus. Dépourvus de biens d’investissement qui pourraient leur procurer de quoi vivre, ils sont coincés dans la course de rats.

Si vous supprimez le risque, vous enlevez l'opportunité hors de la vie. Prendre un risque ne signifie pas prendre un tir dans le noir, mais au contraire prendre des risques calculés. Cela d'abord acquérir des connaissances et considérer les conséquences de l'échec avant d'agir. La façon dont vous gérez la peur détermine les résultats que vous obtiendrez dans la vie. Les pauvres se soumettent à la peur mais les riches surmontent la peur. Les riches surmontent la peur par la connaissance, la peur est l'obscurité, la connaissance est la lumière. Comme la Lumière fait disparaître les ténèbres, la connaissance fait disparaître la peur. Dieu dit: mon peuple périt par manque de connaissances.

Les Riches se renseignent d'abord avant de prendre des risques, et ils considèrent les conséquences avant de s'engager dans quelque chose.

Les rats sont tués par un attrape souris ou un appât. Cependant, cela n'arrête pas d'autres de tenter de s'approcher de l'appât. Et comme conséquence, ils sont aussi attrapés.

Cela est de même de l'être humain. Plusieurs sont détruits par le même piège de la pauvreté sans penser comment ils vont s'en sortir.

Si vous avez un plan en place, vous pouvez sortir de la course de rat. Si vous voulez gérer le risque, posez-vous ces trois questions:

- Quelle est la meilleure chose qui pourrait arriver?
- Quelle est la pire chose qui pourrait arriver?
- Quelle est la chose la plus probable?

Les pauvres sont pris au piège de la course financière, ils se lèvent pour aller au travail, aussitôt qu'ils ont le salaire, ils paient les factures et se retrouvent mains vide; ils attendent la prochaine paie pour payer encore les factures pour se retrouver encore mains vides.

Si vous pouvez vivre avec la pire chose qui puisse arriver et si la chose la plus probable va vous rapprocher de vos objectifs, alors allez-y. Si vous êtes capable de gérer le pire qui puisse arriver et si la chose la plus probable n'arrive pas à vous plus près de vos objectifs, alors ne le faites pas. La prochaine fois que vous avez l'occasion de prendre un risque, posez-vous ces trois questions.

Décidez aujourd'hui de sortir de la course du rat qui vous retient, vous et votre famille, si vous faites le bon tour, vous pouvez être le premier dans votre famille à sortir de la course financière et commencer une nouvelle génération dans votre famille, une génération de ceux qui ne manquent pas d'argent.

Ne soyez pas accroché à l'approbation des gens, chaque fois que vous essayez de faire quelque chose de nouveau, d'abord toute votre famille essaiera de vous décourager même de combattre votre idée parce qu'ils ont été à cette course financière si longtemps alors ils sont affectés. Ils pensent que personne ne sortira jamais de cette course folle financière dans leur famille. Si vous les écoutez, cela vous évitera de prendre des risques. Vous ne devez pas vous laisser décourager lorsque vous essayez de faire quelque chose de nouveau. Il suffit de comprendre que certaines personnes vont vous rejeter, peu importe ce que vous faites, mais vous faites ce que vous devez faire pour sortir de cette folle course financière.

N'ayez pas peur de faire ce que personne n'a fait auparavant dans votre famille ou votre environnement.

Vous devez agir sur ce que vous avez appris. La seule façon d'obtenir l'avenir financier que vous voulez est de commencer à le créer maintenant, n'attendez pas demain. Le chômage prolongé ou généralisé dans la famille est une marque évidente de la présence de malédiction familiale. En effet, l'une des causes dangereuses de la pauvreté dans nos vies sont les malédictions dues aux paroles maléfiques sur nos vies ou les paroles négatives que nous-mêmes prononcées contre nos vies.

La malédiction peut être sur un individu, une famille, sur un village, une ville, un quartier, un pays, ou sur d'autres choses.

Les Africains ont deux causes majeures qui justifient leur état de pauvreté.

1. Le manque d'engagement dans l'exploitation de leur environnement. Ils ne transforment pas leur environnement par manque d'initiatives cadrées. Prenons le cas de la République Démocratique du Congo. Un pays à la dimension d'un Continent qui est un scandale géologique. Comment expliquer que sa population soit pauvre? Il y a le pillage systématique de ses richesses par un groupe des individus en coopération avec les Occidentaux. Par conséquent, la population se trouve privé de ses revenus. Aussi par manque de

travail, la population vit dans la pauvreté imposée.

L'Etat d'esprit ou la Malédiction familiale.

Ayant vécu dans un environnement où les grands parents, parents n'ont pas laissé un exemple de leur vivant, c'est-à-dire le produit de leur travail, les jeunes qui arrivent croient que le chômage est quelque chose de normal. La pauvreté est ainsi un état d'esprit. Elle se tient comme une puissance légale sur nos vies. Cela donne aux puissances sataniques un droit légitime. Ceci se justifie par le fait que derrière toute malédiction, il y a toujours un démon qui active cette malédiction, avec un droit légal d'opérer.

Nous prenons le cas de Jacob qui avait jeté la malédiction sur Ruben, son premier fils du fait qu'il avait eu des relations coupables avec sa concubine. Ruben n'avait pu prospérer, ses enfants avaient perdu le droit d'aînesse et se sont distancé du reste du peuple en restant de l'autre côté du Jourdain, en dehors de la terre promise (Genèse 49 :2-4).

La malédiction générationnelle ou familiale s'érige comme un héritage nocif pour les descendants. Les agents sataniques attaquent au travers de la malédiction.

Les Agents de la Pauvreté

Qu'est ce qui explique que certaines personnes continuent à vivre dans la pauvreté? Quelles en sont les causes? Jérémie 15 :18 est un des cris que beaucoup lancent: « Pourquoi ma souffrance estelle continuelle? pourquoi ma plaie est-elle incurable, ne veut-elle pas se guérir? L'Eternel répond au chapitre 30:12: « votre plaie est incurable, ta plaie est douloureuse, nul ne défend ta cause pour bander ta plaie; de remède efficace, il n'en est pas pour toi. Tous ceux qui t'aimaient t'oublient, ils ne recherchent plus, car je t'ai frappée comme frappe un ennemi, je t'ai cruellement punie à cause de la multitude de tes péchés|(fautes), de la gravité de tes péchés. »

En réponse à toutes ces questions, nous avons relevé les agents suivants:

La Paresse

Dans notre ordre d'énumération, nous commençons avec la paresse.

La paresse (du latin pigritia) est une propension à ne rien faire, une répugnance au travail ou à l'effort. Le paresseux n'a pas envie de faire ce qu'il serait en principe supposé faire, pour soi ou pour les autres, pour une vie normale. C’est dans ce sens que l’on attribue à ce terme une connotation négative comme étant un péché.

Antoine Rivarol écrit à ce sujet: Rien n’est plus fatigant que la paresse. La paresse, c’est l’habitude de se reposer avant la fatigue, lui répond Jules Renard.

Les auteurs de la Bible n’ont pas manqué de stigmatiser les méfaits de la paresse. C’est le cas de Tite et l’épitre aux Hébreux qui écrivent:

L'un d'entre eux, leur propre prophète, a dit: Crétois toujours menteurs, méchantes bêtes, ventres paresseux. (Tite 1 :12)

En sorte que vous ne vous relâchiez point, et que vous imitiez ceux qui, par la foi et la persévérance, héritent des promesses. (Hébreux 6 :12)

Dans le livre des Actes des apôtres, les premiers chrétiens nous montrent l'exemple d'une communauté dans laquelle il n'y avait pas d'indigents (Actes 4.34), avant-goût de l'établissement complet du Royaume d'où la pauvreté sera radicalement éradiquée. Cette communauté est ouverte aujourd'hui à tous ceux qui veulent y entrer et c'est aussi pourquoi beaucoup de chrétiens associent la Parole (qui communique l'Évangile) et les actes (qui répondent aux besoins de nourriture, de vêtement et de justice) dans leur implication dans la société humaine.

Il passe son temps dans l'oisiveté et a tout son temp. La paresse engendre plusieurs filles et fils:

Le Sommeil

La paresse est l'oreiller du diable, dit encore un proverbe scandinave.

Approchons le passage de Proverbes qui parlent du sommeil: pourquoi reste-t-il allongé sur son lit? La réponse est simple. Il nous arrive de nous sentir incapables de nous lever du lit disant toujours que je me lèverai à telle heure si bien qu'on se trouve en retard à cause d'une puissance injustifiée mais qui dicte le corps. Christ dit l'esprit est disposé mais le corps est faible. Le paresseux fuit les responsabilités en se cachant derrière diverses excuses. Nous nous allongeons sur nos lits afin de reconstituer le corps pour une activité qui nous attend.

La paresse fait tomber dans l'assoupissement, Et l'âme nonchalante éprouve la faim. (Proverbes 19 :15)

Le paresseux tourne sur son lit comme la porte sur ses gonds, dit Proverbes 26 :14. », estimant que chaque journée qui commence est pour lui à un cauchemar. Au lieu de se lever pour travailler, il tourne et retourne sur lui-même dans son lit.

N'aime pas le sommeil, de peur que tu ne deviennes pauvre; Ouvre les yeux, tu seras rassasié de pain. (Proverbes 20 :13)

Un peu de sommeil, un peu d'assoupissement, Un peu croiser les mains pour dormir!... Et la pauvreté te surprendra, comme un rôdeur,

Et la disette, comme un homme en armes. (Proverbes 24 :33-34)

Le paresseux est un homme (ou une femme) nonchalant qui
préfère le repos et le « rien faire » à l'activité. Un homme qui se plaît à rester couché et dont le lit (ou le canapé) est le lieu qui le voit occuper une grande partie de son temps.

Les Excuses.

Il gaspille son temps et son énergie: Il se cherche des excuses:

Le paresseux dit: « Il y a un lion sur le chemin, il y a un lion dans les rues! (Proverbes 26.13; Proverbes 22 :13; 26 :3)

Le paresseux, montre encore les Proverbes, a toujours une bonne excuse pour justifier de sa paresse. Tantôt, c'est le froid qui l'empêche de sortir pour travailler; tantôt, ce sont des impossibilités aussi improbables l'une que l'autre comme le lion.

A cause du froid, le paresseux ne laboure pas; A la moisson, il voudrait récolter, mais il n'y a rien. (Proverbes 20 :4)

Le livre de sagesse nous édifie à ce sujet: « Va vers la fourmi, paresseux! Observe son comportement et deviens sage. » (Proverbes 6.6)

La paresse peut être un héritage familial ou une malédiction. C'est rare de trouver des enfants issus des familles pauvres s'enrichir. Ils ne vivent que ce que leurs parents avaient vécu.

En parcourant les passages bibliques qui parlent de la paresse, on arrive à des conclusions suivantes:

Le paresseux a toujours du temps qu'il lui arrive régulièrement de remettre à demain ce qu'il peut faire aujourd'hui. **Il se croit sage**

1. Le paresseux se croit sage. (Proverbes 22 :13; Proverbes 26 :16) il se croit sage, mais il est insensé: «

Le paresseux se croit plus sage que sept hommes qui répondent avec discernement. »

Plus la paresse s'installe, plus il devient alors difficile, pénible au paresseux de s'en sortir.

Il se détruit lui-même (6 :11)

Le paresseux est un homme qui se fait préjudice à lui-même et qui suit une voie qui le mène inévitablement à la ruine. (Proverbes 6 :1). Voici ci-après quelques passages qui nous indiquent sur les méfaits de la paresse sur la personne:

Le chemin du paresseux est comme une haie d'épines; le sentier des gens droits est une route bien frayée. » (Proverbes 15 :19. Proverbes 24 :30 à 34).

Ce que le vinaigre est aux dents et la fumée aux yeux, Tel est le paresseux pour celui qui l'envoie. (Proverbes 10 :26)

Les désirs du paresseux le tuent parce que ses mains se refusent à l'action. » (Proverbes 21.25; Proverbes 10 :4-5)

La main des diligents dominera, Mais la main lâche sera tributaire. (Proverbes 12 :24)

Celui qui cultive son champ est rassasié de pain, Mais celui qui poursuit des choses vaines est dépourvu de sens. (Proverbes 12 :11)

Celui qui agit d'une main lâche s'appauvrit, Mais la main des diligents enrichit. (Proverbes 21 :25-26)

Le paresseux a des désirs qui n'aboutissent à rien: (Proverbes 13 :4). Les désirs du paresseux le tuent, parce que ses mains refusent de travailler: (Proverbes 21 :25).

Il faut que les nôtres aussi apprennent à pratiquer de bonnes œuvres pour subvenir aux besoins pressants, afin qu'ils ne soient pas sans produire des fruits. (Tite 3 :14)

Celui qui amasse pendant l'été est un fils prudent, Celui qui dort pendant la moisson est un fils qui fait honte.

J'ai passé près du champ d'un paresseux, Et près de la vigne d'un homme dépourvu de sens. Et voici, les épines y croissaient partout, Les ronces en couvraient la face, Et le mur de pierres était écroulé. (Proverbes 24 :30-31) Il deviendra serviteur (ou débiteur):

La main des personnes actives dominera, tandis que la main nonchalante sera astreinte à la corvée. » (Proverbes 12.24); son avenir est sombre.

Il est incapable de répondre à ses propres besoins.

Les désirs du paresseux le tuent, Parce que ses mains refusent de travailler; Tout le jour il éprouve des désirs; Mais le juste donne sans parcimonie.

La première frustration que vit le paresseux est que, comme les autres hommes, il souhaite parvenir au succès et à la réussite. Mais comme il se refuse à fournir l'effort qui lui permettrait d'y parvenir, il est un éternel insatisfait. Le paresseux ne rôtit pas son gibier:

Proverbes 12,27. S'il est frustré, ce n'est pas qu'il manque de possibilités pour réussir, c'est qu'il ne les exploite pas.

Alors qu'Israël s'apprêtait à entrer dans le pays promis, Moïse leur prescrivit de célébrer chaque année trois fêtes destinées à leur rappeler les hauts faits que Dieu avait accomplis en leur faveur. La première de ces fêtes était la fête de la Pâque. A cette occasion, pendant sept jours, le peuple se rassemblait dans le lieu qu'Il avait choisi pour y mettre Son nom et chacun offrait un sacrifice par jour et mangeait des pains sans levain. La raison de cette ordonnance nous est précisée en Deutéronome 16 :3 :

Tu mangeras pendant sept jours des pains sans levain, du pain d'affliction, car c'est avec précipitation que tu es sorti d'Egypte.

Il s'agit d'une rébellion et violation à la loi de Dieu.

L'apôtre Paul écrit aux Romains: « Ne soyez pas paresseux, mais empressés, dit Paul. Soyez fervents d'esprit. Servez le Seigneur comme des esclaves » (Romains 16 :11).

Cet aspect du traitement de la paresse est celui qui fait l'objet du plus grand nombre de proverbes dans le livre.

Il nous arrive d'admirer certaines personnes lorsqu'elles parviennent à présenter des performances de haut niveau comme les athlètes qui font de grands sauts en hauteur, ou des joueurs qui ont l'habileté à marquer des pénalités. Cependant, nous n'arrivons pas à réaliser que ces performances sont le résultat de plusieurs séances d'entraînement. (2 Timothée 2 :6-7; Psaume 126 :5-6)

Nous sommes le produit de ce que nous faisons. Plus nous nous exerçons, plus nous produisons un changement. La fonction crée l'organe, dit-on.

Certains auteurs et poètes ont écrit à ce sujet:
Benjamin Franklin proclame que la paresse chemine si lentement que la pauvreté la rattrape. Victor Hugo dit aussi que la paresse est une mère. Elle a un fils, le vol, et une fille, la faim; et Anne Franck dit que la paresse peut paraître attrayante, mais seul le travail apporte

satisfaction. Et Jean de la Bruyère dit: L'ennui est entré dans le monde avec la paresse.

La paresse engendre tant de conséquences néfastes et nuisibles pour la personne qui la cultive et pour son entourage que l'on comprend mieux pourquoi Thomas d'Aquin l'a classé, avec l'orgueil ou la luxure, parmi les sept péchés capitaux.

Jules Renard s'aligne aussi pour dire: « Pour nous punir de notre paresse, il y a, outre nos insuccès, les succès des autres »:

Que faire lorsqu'on est atteint de paresse chronique ou que l'on se reconnaît une forte tendance à la paresse? C'est ce que, avec l'aide de la Bible, nous allons voir maintenant.

Combattre la Paresse

La paresse ne perd son emprise que lorsqu'on décide de se lever pour y mettre un terme.

Celui qui n'avait reçu qu'un talent s'approcha ensuite, et il dit: Seigneur, je savais que tu es un homme dur, qui moissonnes où tu n'as pas semé, et qui amasses où tu n'as pas vanné; j'ai eu peur, et je suis allé cacher ton talent dans la terre; voici, prends ce qui est à toi. Son maître lui répondit: Serviteur méchant et paresseux, tu savais que je moissonne où je n'ai pas semé, et que j'amasse où je n'ai pas vanné. (Matthieu 25 :14-30)

Cette parabole est une préfiguration de ce qui se passera au dernier jour. Chacun rendra compte au Maître de la manière dont il a pu exploiter les talents qu'il avait reçus de Lui. En considérant les trois ouvriers qui avaient reçu les talents, le Maitre est satisfait pour le travail abattu par les deux premiers qui avaient fructifié les talents. Ils les qualifient de bons serviteurs. Le troisième avait gardé et enterré le talent reçu. Formellement, il n'avait rien fait de mal car il n'avait reçu aucune instruction sur ce qu'il devait faire du talent qu'il avait reçu. A ses explications, le maître ne trouve aucune excuse. Tel un couperet, la sentence tombe nette et sans appel. (Matthieu 25 :26 – 30)

Il nous arrive tous de faire preuve de paresse. Mais la paresse chronique, durable, comportementale n'a aucune excuse. Chacun de nous, y compris les moins doués, a reçu de Dieu quelque chose qu'il peut mettre en valeur. Ne pas le faire est un péché et une offense envers le Créateur. Un changement radical d'état d'esprit est la première étape pour remédier à la paresse.

Il se peut, cependant, que l'habitude de la paresse soit si forte que le seul retournement de la volonté ne suffise pas pour endiguer l'habitude. Le livre des proverbes nous invite alors à user d'un moyen pratique pour nous en sortir: celui d'avoir un coach, un modèle ou un professeur nous aidant à sortir de la promesse.

Le meilleur exemple et professeur qu'elle nous donne à ce sujet est l'un des plus petits animaux de la création: la fourmi: Proverbes 6 :6 à 8. Les caractéristiques positives de la fourmi, comme exemple de ce qu'est un travailleur, sont multiples:

- La fourmi n'a pas de chef: v 7. C'est un animal autonome et responsable qui ne supporte pas de dépendre des autres. La fourmi est travailleuse, mais au moins elle est libre. Elle ne vit pas aux dépens de la société. La fourmi n'est pas individualiste. Elle a une vision corporative, communautaire de la vie.

- La fourmi est un animal prévoyant. Pendant que l'été, la cigale chante, elle travaille. Elle sait que, l'hiver, saison où l'on ne peut plus rien faire, va venir et que les beaux jours ne vont pas durer. La fourmi a une vision à long terme de la vie. Elle ne vit pas en fonction du moment présent facile, mais dans la perspective d'un avenir qu'elle sait difficile et rigoureux.

Il est indiscutable que celui qui veut sortir de sa paresse doit changer l'état d'esprit. Le précieux trésor d'un homme, dit Proverbes 12 :27, c'est l'activité, non la paresse (activité, non hyperactivité). Il est certain que l'inactivité encourage la paresse: d'où la nécessité de ne pas laisser ceux qui perdent leur travail sans perspective. L'oisiveté est la mère de tous les vices: Proverbe d'origine italienne.

La Négligence

Voyons ces trois passages de la Bible relatifs à la négligence:

Celui qui se relâche dans son travail est frère de celui qui détruit. (Proverbes 18 :9)

Le travail construit et contribue à la sauvegarde de la nature. La négligence est l'ennemi du développement. Celui qui travaille avec négligence contribue à la destruction.

Telle fut l'attitude de Moab qui afficha une négligence et un abandon total qu'il fut réprimandé:

Donnez des ailes à Moab, Et qu'il parte au vol! Ses villes seront réduites en désert, Elles n'auront plus d'habitants. Maudit soit celui qui fait avec négligence l'œuvre de l'Eternel, Maudit soit celui qui éloigne son épée du carnage! Moab était tranquille depuis sa jeunesse, Il reposait sur sa lie, Il n'était pas vidé d'un vase dans un autre, Et il n'allait pas en captivité. Aussi son goût lui est resté, Et son odeur ne s'est pas changée... (Jérémie 48 :9-10)

La négligence engendre des dégâts incommensurables dans la vie des victimes:

Si un homme met à découvert une citerne, ou si un homme en creuse une et ne la couvre pas, et qu'il y tombe un bœuf ou un âne, le possesseur de la citerne paiera au maître la valeur de l'animal en argent, et aura pour lui l'animal mort. (Exode 21 :33-34)

Pour n'avoir pas pris des précautions, les cinq vierges folles ratèrent d'entrer aux noces de l'agneau. « Les folles dirent aux sages: Donnez-nous de votre huile, car nos lampes s'éteignent. Les sages répondirent: Non; il n'y en aurait pas assez pour nous et pour vous; allez plutôt chez ceux qui en vendent, et achetez-en pour vous. Plus tard, les autres vierges vinrent, et dirent: Seigneur, Seigneur, ouvrenous. Mais il répondit: Je vous le dis en vérité, je ne vous connais pas. » (Matthieu 25 :1-13)

Dans un autre passage, la Bible raconte l'histoire d'un homme de Dieu qui craignait Dieu mais qui est mort pauvre et avait laissé la dette à sa famille. Vous voyez que cet homme était un serviteur de Dieu; cependant il est mort pauvre. (2 Rois 4 :1-7) C'est étonnant de voir quelqu'un qui a servi Dieu de tout son cœur, mais meurt pauvre. Servir Dieu n'est pas une garantie pour avoir de l'argent. Vous pouvez servir Dieu et mourir pauvre, c'est pourquoi vous devez travailler votre esprit en matière d'argent. Une autre histoire de la pauvreté nous est donnée dans le livre d'Ecclésiastes. Cet homme a sauvé sa ville avec sa sagesse mais il a été méprisé à cause de la pauvreté et personne ne s'est souvenu de ce qu'il avait fait pour la ville. (Ecclésiastes 9: 13-16)

La sagesse et l'onction qui ne sont pas soutenues par l'argent n'attirent pas d'attention.

Un Pasteur qui est notre ami personnel nous a raconté une histoire fort pénible. Il connaissait son collègue pasteur dans la ville de Kinshasa qui avait perdu son fils. En lui demandant comment cette tragédie s'était produite, il dit que ce fils de pasteur qui était très malade a été amené à l'hôpital pour soins, mais faute d'argent, l'hôpital refusa de le consulter exigeant un paiement au préalable. Le Père s'est battu pour réunir l'argent exigé, en vain. Il était obligé de ramener l'enfant à l'église ou il succomba quelques jours après.

Comme si cela ne suffisait pas, le temps d'enterrement est venu, et il faudrait préparer le nécessaire. Il n'avait rien pour le faire. La communauté locale s'organisa pour réunir le nécessaire pour les funérailles. Quelle humiliation!

C'est avec raison que nous avons dit que la pauvreté est une malédiction car elle amoindrit l'homme. Les pauvres n'ont pas une grande voix dans la société, une personne pauvre n'a pas beaucoup d'options. La pauvreté vous poussera à faire des choses que vous n'auriez jamais cru pouvoir faire. La pauvreté peut affecter votre mariage, vos relations et réputation.

Selon la catégorie à laquelle l'on appartient, on pense aussi conséquemment. Les pauvres pensent au jour le jour, la classe moyenne pense semaine après semaine et les riches pensent d'une décennie à l'autre. Selon le cas, les pauvres visent la survie, la classe moyenne le confort et les riches la liberté d'argent. Les motivations des pauvres et de la classe moyenne sont limitées à cause de l'insuffisance de leurs moyens.

Votre conception de l'argent détermine la manière dont vous allez l'utiliser et le gérer. Si vous considérez l'argent comme une semence qui doit produire au centuple, vous le placerez dans la bonne terre pour produire. Autrement, la graine tombera sur le roc ou dans les épines qui l'étoufferont. Inspirons-nous de la parabole du semeur. La même semence placée sur différents endroits produits aussi différents résultats. Sachez investir dans des affaires qui sont susceptibles de favoriser la multiplication de la semence.

Le problème n'est pas du semeur, mais de l'endroit où il sème. Passez du temps sur une base régulière en pensant à la façon dont vous voulez que votre vie financière ressemble dans dix ou vingt ans. Ensuite, faites des plans pour y arriver. Penser à long terme nécessite de la patience. La patience est très importante si vous voulez être financièrement libre.

La plupart des gens veulent une gratification instantanée, tout ce qu'ils veulent, ils achètent sur une carte de crédit afin qu'ils effectuent un paiement de crédit pour des années. Ce sont des gens qui achètent tout ce qu'ils ont sur leur carte de crédit, les lits sur lesquels ils dorment, la Télévision, les chaises et la voiture qu'ils conduisent. Certaines personnes utilisent plus de cartes de crédit différentes pour acheter des choses qu'ils ne peuvent pas se permettre.

Il est conseillé d'éviter pareilles pratiques et d'économiser afin d'acheter au comptant. Apprenez à retarder la gratification en développant une discipline d'argent et vous serez en contrôle de votre vie financière. Ne soyez pas à l'aise lorsque vos finances sont en désordre dépêchez-vous et réparez-le sinon vous resterez pauvre. N'appréciez pas le confort de vos finances, cherchez à être financièrement libre en pratiquant les principes qui sont écrits dans ce livre. Le manque d'argent vous fera vivre une vie stressante, donc vous devez créer un plan à long terme afin d'être financièrement libre.

Quelques minutes d'échange avec vous suffisent pour scruter vos finances, et nous donner quelques indications sur l'état de votre vie financière. Ce que vous déclarez en matière d'argent détermine ou révèle l'état de votre cœur et votre esprit.

Développer une habitude de penser à l'argent, donner à la question de l'argent une place dans votre esprit car vous ne recevrez que ce que vous pensez et croyez. Créez une image de l'argent dans votre esprit.

Les pauvres parlent des gens, ceux de la classe moyenne parlent des choses et les riches parlent des idées. Les pauvres ont la mentalité de parler d'autres personnes, ils pourraient passer des heures à parler de ce que les autres font dans leur vie. Ils sont assis la plupart du temps à regarder des émissions de téléréalité qui n'apprennent rien que des choses folles. Donc, vous les verrez essayer de répéter ce qu'ils ont vu dans la téléréalité sur leur vie réel.

Les gens de la classe moyenne parlent de choses comme les voitures, les appareils électroniques, les maisons, etc. Ils passent des heures à parler d'une nouvelle voiture ou d'un nouveau téléphone portable qui vient d'arriver. Et ces choses n'ajoutent rien dans leur esprit.

Les riches parlent d'idées, ils font tout ce qu'ils peuvent pour ajouter de nouvelles idées dans leur esprit chaque jour. C'est pourquoi vous remarquerez que la plupart des riches ont une bibliothèque dans leur maison parce qu'ils savent que la plupart des informations cachées sont dans le livre écrit par quelqu'un. Quand un nouveau livre est apparu qui ajoute quelque chose dans leur vie, ils vont l'acheter. Même s'ils n'ont obtenu qu'une seule information de ce livre, cela leur suffit. Les riches ont la mentalité de poser des questions à d'autres personnes plus riches qu'eux-mêmes. Pas étonnant que les riches ne s'associes qu'avec les riches parce qu'ils détestent descendre à un niveau qui ne leur appartient pas.

Pendant que les pauvres et la classe moyenne parlent des gens et des choses, les riches cherchent de nouvelles idées pour enrichir leur richesse. Pas étonnant que les riches deviennent plus riches et que les pauvres deviennent plus pauvres. Quelles sont vos préoccupations quotidiennes? Et qui vous fréquentent? / A quoi passez-vous votre temps à parler? Les gens, les choses ou les idées? Lorsque vous vous êtes classé dans l'un de ce groupe, alors vous verrez le résultat.

La vision des pauvres se limite à ce qui est visible, celle de la classe moyenne à ce qui se passe tandis que celle des riches au changement. Le succès dans la vie est pour ceux qui aspirent au changement. Il ne suffit pas seulement d'aspirer mais de poser des actes concrets qui matérialisent les aspirations. En d'autres termes, le succès financier est le résultat de la créativité Les gens qui réussissent financièrement sont créatifs, ils passent du temps à réfléchir à de nouvelles idées ou à travailler sur un projet. Dès qu'ils ont les idées, ils cherchent à les mettre sur chantier.

Tout change rapidement dans le monde, vous devez donc être sage et passer du temps à penser à de nouvelles façons de faire, sinon vous mourrez dans la pauvreté. Il y a plusieurs opportunités dans ce monde; faites de votre mieux pour en saisir une, car une seule occasion est susceptible de changer le cours de votre vie financière. Si vous ne trouvez aucune opportunité, créez-en une vous-même. Ne soyez pas une île, allez dehors, rencontrer des gens, parlez à des gens et posez des questions sur vos idées, obtenez plus d'informations sur ce que vous voulez faire alors vous verrez plus et vous ferez un effort pour votre projet ou idée; vous allez créer des opportunités.

Les riches créent ce que la classe moyenne et les pauvres apprécient et achètent; comme les voitures, les films, les émissions de télévision, la production musicale. Les pauvres et la classe moyenne dépensent leur argent sur des choses qui sont créées par les riches. Les pauvres sont souvent insécurisés et confus au sujet de vouloir leur désir dans la vie. Lorsque vous êtes clair sur ce que vous voulez dans la vie, vous deviendrez plus sûr et plus efficace. Avoir de l'argent commence avec un équilibre d'esprit et de savoir ce que vous voulez. Beaucoup de gens, même si vous leur donnez un million de dollars aujourd'hui dans quelques mois, ils seront à nouveau fauchés parce que leur esprit ne s'y prépare pas. C'est pourquoi le maximum de gens qui ont gagné des millions de dollars en loterie se retrouvent fauchés. Avoir de l'argent est une chose et le garder est une autre chose. La plupart des gens qui ont réussi à garder de l'argent ont été préparés avant que l'argent leur tombe entre les mains.

Si vous voyez quelqu'un faire quelque chose et prospérer dans ce domaine et que vous ne le comprenez pas ou ne l'approuvez pas, ne critiquez pas, mais réservez un rendez-vous, allez le voir. Posez des questions ou si vous ne pouvez pas les rencontrer, demandez à Dieu de vous révéler. Vous gaspillez votre temps en critiquant quelqu'un qui prospère financièrement parce que vous ne savez pas ce qu'il a traversé pour être là où il est, c'est la mentalité des pauvres vous devez le briser et apprendre à célébrer les bénédictions des autres.

Le Contentement à la Médiocrité

Le contentement est cette attitude de la personne qui accepte passivement ou non l'état dans lequel elle vit, même lorsque ses conditions ne lui permettent pas de répondre à ses besoins. Pareille personne obstruera les ambitions étant donné qu'elle se trouve satisfaite de son état.

Dans les milieux chrétiens, on est souvent désillusionné par certains versets tels que « Si donc nous avons la nourriture et le vêtement, cela nous suffira. » (1 Timothée 6 :8) ou encore Philippiens 4 :11: « Ce n'est pas en vue de mes besoins que je dis cela, car j'ai appris à être content de l'état où je me trouve. »Nous pouvons aussi joindre le passage de l'épitre aux Hébreux 13 :5: « Ne vous livrez pas à l'amour de l'argent; contentez- vous de ce que vous avez; car Dieu lui-même a dit: Je ne te délaisserai point, et je ne t'abandonnerai point. »

Pareille conception supprime tout effort à se dépasser pour une vie équilibrée financièrement. Le manque d'ambition apparaît dès lors comme la conséquence directe du contentement.

Les Dépenses Incontrôlées

Celui qui cultive son champ est rassasié de pain, Mais celui qui poursuit des choses vaines est rassasié de pauvreté. (Proverbes 28 :19)

Il est important d'établir un budget qui définit toutes les dépenses possibles qui s'imposent régulièrement selon leurs priorité, urgence, et importance.

Les dépenses que vous effectuez doivent vous laisser une marge de faire aussi l'épargne. Il a été constaté que plus les entrées augmentent, plus on a tendance à augmenter aussi les dépenses. Comme conséquence, en cas d'imprévus, on se trouve coincé qu'on se lance dans l'endettement. Le problème est que lorsque vous dépensez beaucoup, vous courez une course décontractée, c'est-àdire vous percevez le salaire et avant même la fin du mois, tout est parti. C'est un cercle vicieux injuste qu'il faudrait coûte que coûte éviter.

Quand vous dépensez plus que vous gagnez, vous vous soumettez à une vie de stress, d'incertitude, de peur, de dettes et même de faillite.

Evitez de vous montrer grand alors qu'en réalité, vous ne l'êtes pas.

C'est la tendance dans certains milieux. Abonnés aux crédits, ils vivent le luxe de voiture, des vêtements, manger au restaurant tous les week-ends.

Nous l'avons dit au point relatif à la course du rat en rappelant que la meilleure voie de sortir de la stagnation est d'abord de perdre l'habitude de dépenser sur les choses que vous aimez le plus mais qui ne sont d'aucune utilité. Faites une liste des choses pour lesquelles vous dépensez le plus et éliminez progressivement les dépenses en supprimant les choses qui ne sont pas indispensables. Les multiples et petites dépenses isolées n'apparaissent pas premièrement, mais mises ensemble, elles constituent un fonds important qui aurait pu constituer l'épargne. Ne négligez pas le petit argent; en économisant juste un peu d'argent peut faire un impact énorme dans vos finances, et le plus tôt vous commencerez le mieux serait.

Identifiez les dépenses inutiles et éliminez-les.

Plus vous agissez ainsi, plus vous serez en mesure de constituer votre réserve dans l'épargne. Et plus vous épargnez, plus votre argent s'amasse

Cela implique une discipline personnelle qui incite à des sacrifices personnels. Si vous n'êtes pas discipliné, il sera difficile de réussir financièrement.

Un petit conseil: tenez un carnet des dépenses dans lequel vous enregistrez toutes les dépenses afin de tirer des leçons pour l'avenir. Etablissez le budget en tenant compte de ce qui est utile, important, urgent et nécessaire.

Ne dépensez pas parce qu'il y a un rabais ou les amis dépensent.

Dépensez moins que ce que vous gagnez

Dans l'autosuffisance, quitter la Rat Race (la course de rat) passe par une prise d'autonomie. Au lieu d'être un consommateur, on devient un producteur.

En effet, l'autosuffisance permet de quitter un système et de prendre ses distances avec la consommation. De ce fait, pas de besoin de « se vendre » sur le marché du travail pour gagner en pouvoir d'achat. Certaines personnes ont décidé de s'éloigner des grandes villes et d'adopter un mode de vie plus simple et davantage porté sur l'autosuffisance. C'est un choix de vie et il peut tout à fait apporter la satisfaction souhaitée. Si vous aimez bien la nature et le travail manuel, peut-être est-ce une option à étudier?

CHAPITRE II
Les Facteurs Générateurs de l'Indépendance Financière

Plusieurs subissent des contraintes financières qui les obligent sans moindre marge de manœuvres en vivant totalement ce qu'ils perçoivent.

Que signifie l'indépendance financière? Nous voulons dire cet état d'équilibre financier où les investissements rapportent plus que les dépenses; en d'autres termes, les revenus permettent de couvrir les dépenses et de constituer l'épargne.

A titre d'illustration, un salarié a comme principale source de revenus son travail, et il travaille fort pour avoir un revenu décent. L'indépendance financière permet la gestion du temps et de l'effort en permettant une marge de liberté générale. Nous appelons l'indépendance financière cet équilibre qui s'établit entre les entrées, les sorties et l'épargne. A titre d'exemple, un travailleur gagne £ 2000.00 par mois. Il a des dépenses mensuelles évaluées à £ 1400.00 et les imprévus évalués à 10 %, soit £ 200.00. Ses dépenses mensuelles se chiffreraient a 1600.00. Son épargne à £ 400.00.

L'indépendance financière est tout simplement le fait de ne plus avoir à échanger son temps contre de l'argent. Cela signifie que les dépenses sont couvertes par les revenus d'une part, mais surtout que ces revenus ne sont pas une contrepartie d'un quelconque temps de travail régulier. Vivre l'indépendance financière c'est être capable de répondre aux besoins individuels par ses propres moyens. C'est l'opposé de la pauvreté qui, elle conduit à la dépendance aux autres. Comment y parvenir?

Le chemin vers l'indépendance financière est plus ou moins rapide, mais il requiert certaines habilités et un certain état d'esprit. C'est en cela que le développement personnel peut jouer un rôle bien précis. Croire en ses ambitions et passer à l'action pour concrétiser ses projets n'est pas toujours chose facile. Adopter le bon état d'esprit et se développer vous aidera dans votre quête de liberté.

L’indépendance financière répond clairement à un besoin de liberté, c’est en cela qu’elle est une solution à l’oppression que peut représenter le travail.

Une question peut être posée: Comment gagner sa liberté financière?

L’indépendance financière s’acquiet par le biais d’investissements judicieux et d’entreprises autonomes qui finissent par épargner beaucoup de sacrifices physiques et temporels.

La plupart des gens ne vivent pas une vie d'abondance financière parce qu’à l'école et à l'église, ils n’ont pas été enseignés le secret d’une vie financière abondante.

1Timothée 6: 17b dit "Dieu qui nous donne richement toutes choses pour jouir". Dans ce verset biblique, Dieu nous montre sûrement qu'il n'est pas contre les richesses. Beaucoup d'églises, quand il s'agit d'argent, n’enseignent que sur la dîme, les offrandes et les actions des grâces. Dieu n'a pas l'intention de jeter de l'argent miracle à quiconque le demande. Il est plutôt question de donner aux gens les idées divines et la sagesse quant à la façon de puiser dans le flux divin de la créativité afin d'avoir de l'argent. Vous ne pouvez pas continuer à prier pour que Dieu vous donne de l'argent et vous attendre que la manne tombe du ciel, Dieu ne donne pas d'argent, il donne plutôt des opportunités de gagner de l'argent.

La prière, l'adoration et la louange ne mettront jamais de l'argent dans votre poche. J'ai vu des gens jeûner quarante jours ou plus demander de l'argent à Dieu, ils ont prié et jeûné plusieurs fois, mais ils n'ont pas toujours d'argent. La prière n'est pas dans une équation de succès financier, mais plutôt dans l'équation de la révélation. C'est comprendre comment fonctionne la finance est dans l'équation de la réussite financière. Il ne suffit pas de citer les versets bibliques tels que: - La richesse des païens est stockée pour le juste; - Cherchez d'abord le royaume de Dieu et tout sera ajouté à vous. - L'or et argent appartiennent à Dieu- Je ne peux pas manquer Je suis un enfant de Dieu; mais de travailler pour gagner sa vie.

Certains se sont spécialisés dans des enseignements ou des démons et malédictions pour aboutir à la délivrance. Ce qui n'est pas mal, mais financièrement les paramètres signalent toujours la pauvreté. C'est le cas de plus ou moins 80 % des chretiens à travers le monde qui vivent dans la pauvreté surtout en Afrique.

Répondant à la question de l'apôtre Paul dans l'évangile selon Luc 18:

Pierre dit alors: Voici, nous avons tout quitté, et nous t'avons suivi. Et Jésus leur dit: Je vous le dis en vérité, il n'est personne qui, ayant quitté, à cause du royaume de

Dieu, sa maison, ou sa femme, ou ses frères, ou ses parents, ou ses enfants, ne reçoive beaucoup plus dans ce siècle-ci, et, dans le siècle à venir, la vie éternelle.

La vie sur terre doit être le miroir de la vie céleste. Les églises qui ne prennent pas du temps à enseigner sur les principes financiers conduiront plusieurs chretiens à vivre malheureux sur la terre.

Ce livre est né des questions que nous nous sommes posées en relation avec les finances dans l'église:

- Pourquoi les gens prient et jeûnent, chantent et adorent Dieu mais ils sont financièrement pauvres?
- Pourquoi la majorité des chrétiens dans l'église sont financièrement pauvres?
- Pourquoi Dieu ne jette pas l'argent du ciel aux chrétiens pour qu'ils puissent le servir?
- Pourquoi la plupart des chrétiens qui donnent les dîmes et les offrandes restent toujours pauvres?
- Pourquoi les gens passent par la délivrance, tombent et surgissent sous la puissance de Dieu mais restent toujours pauvres?

Nous présentons quelques principes qui peuvent aider à l'indépendance financière.

Exploiter et Appliquer les Lois financières

Il existe des lois universelles qui gouvernent la manière dont le monde fonctionne. Si vous appliquez ces lois, que vous soyez chrétien ou pas vous réussirez.

Les gens qui deviennent riches dans la vie ont appris à utiliser l'argent à leur avantage. Ces gens riches font cela en suivant certaines lois qui gouvernent l'argent. Tout dans la vie est gouverné par certaines lois, si vous voulez en goûter le fruit, vous devez suivre les lois qui s'y rattachent. Par exemple, si vous voulez avoir une vie saine, vous devez faire de l'exercice physique et manger sainement, si vous voulez une bonne relation avec Dieu, vous devez prier et obéir à sa parole, si vous voulez garder une relation, vous devez être humble. Les gens qui suivent les lois de l'argent, ils sont en mesure d'accumuler de la richesse et de profiter de la réussite financière.

Les gens qui n'ont pas d'argent ont tendance à rester pauvres malgré les nombreuses occasions de changer leur vie et ils ne suivent pas les mêmes lois que les gens aisés et deviennent des esclaves de dettes qu'ils ne peuvent jamais rembourser au cours de leur vie. Quand il s'agit d'argent, vous n'avez que deux options : soit vous suivez les lois de l'argent ou vous ne suivez pas les lois de l'argent et restez pauvres, Il n'y a pas de juste milieu.

Beaucoup de gens, surtout les chrétiens, ne suivent pas les lois de l'argent et s'attendent à de l'argent miraculeux un jour. Ils ont attendu toute leur vie ce jour-là et beaucoup sont morts sans avoir vu ce jour-là.

Le concept de l'argent miracle est la plupart du temps pour les personnes paresseuses qui veulent recevoir quelque chose gratuitement et ceux qui ont reçu de l'argent miracle sont peu nombreux et ne sont pas riches, il n'y a pas d'arbre d'argent au paradis. C'est l'un des concepts qui fait que les Africains ou les chrétiens restent pauvres. Toute leur vie ils attendent un miracle financier et ils ne prennent pas une décision concrète pour transformer leur vie financière.

La Loi de Cause à effet

Développer Une attitude positive envers le travail

« Tout travail procure l'abondance, Mais les paroles en l'air ne mènent qu'à la disette. » (Proverbes 14 :23)

L'état normal de l'homme et - a fortiori du chrétien -, c'est de travailler en faisant de ses propres mains ce qui est bon, non pour s'enrichir, mais pour agir selon la bonté de

Dieu envers celui qui est dans le besoin. L'apôtre en avait donné l'exemple aux Ephésiens (Actes. 20: 33-35; Matthieu 20 :3 ;25 :24-30)

La loi de cause à effet qui est également appelée loi du Karma stipule que chaque effet est la résultante d'une multitude de causes.

Dans la vie, vous êtes soit une cause, soit un effet. Si vous voulez savoir ce que vous étiez dans les vies antérieures, regardez ce que vous êtes actuellement; si vous voulez savoir ce que vous deviendrez dans les vies futures, regardez ce que vous faites maintenant.

Cette loi révèle que les riches sont riches parce qu'ils font des choses qui les rendent riches, et les pauvres sont pauvres parce qu'ils font des choses qui les rendent pauvres. Par exemple, une personne riche peut concentrer ses efforts sur l'accumulation de choses précieuses telles que l'or et l'argent dont la valeur augmente avec le temps. Tandis que les pauvres concentrent leurs efforts sur l'accumulation de choses moins précieuses telles que les voitures clignotantes, les produits électroniques, les vêtements de marque. Tout cela diminue la valeur au fil du temps.

Il a été démontré qu'"une nouvelle voiture achetée à un magasin de voiture perd 10% de sa valeur dès qu'elle a quitté le magasin". Les gens pauvres ont plus de biens dans leurs maisons que l'argent dans leur compte bancaire, vous verrez quelqu'un qui conduit une voiture de 20.000 dollars prise à crédit, mais il n'a même pas 1.000 dollars dans son compte bancaire. Si toutes vos marchandises réunies ont plus de valeur que d'argent disponible dans votre compte bancaire, alors vous n'êtes pas prêt à réussir financièrement.

La loi de cause à effet s'applique non seulement à vos finances, mais aussi à tous les autres aspects de votre vie. Votre vie financière actuelle est le résultat de ce que vous avez fait avec votre argent hier et le résultat de votre vie financière future dépend des actions que vous prenez avec de l'argent aujourd'hui. Par conséquent, pour changer votre vie financière future, vous devez commencer à suivre les lois de l'argent aujourd'hui. La loi de cause à effet dit que ce que vous faites avec votre argent vous affectera de manière positive ou négative. Votre connaissance de l'argent s'améliorera en fonction du temps et des efforts que vous mettez en place pour améliorer votre vie financière. Pour réussir financièrement est simplement un effet qui vient à la suite de prendre certaines mesures et continuer à répéter ces actions jusqu'à ce que cela apportera de l'argent dans votre vie et atteindra progressivement le niveau de richesse qui vous satisfait

La Loi de la Pensée

La richesse est dans la tête

L'esprit joue un rôle important dans l'enrichissement, ainsi que la connaissance de l'argent. De plus, plus on en sait sur l'argent et plus on peut en gagner. S'instruire sur le sujet permet de démystifier beaucoup de croyances sur l'argent et de comprendre que l'argent n'est pas une fin en soi. Ce n'est que des chiffres que l'on peut additionner, soustraire, multiplier ou diviser. De ce fait, il ne faut pas avoir de rapport affectif à l'argent et comprendre que l'argent et la richesse matérielle ne nous rendra pas heureux. La vraie richesse se trouve dans l'épanouissement de l'être et des choses comme la santé ou le temps sont bien plus précieuses que l'argent.

Cette loi stipule que vous attirez dans votre vie des gens, des circonstances et des événements qui sont alignés avec vos pensées dominantes. D'après la loi de la pensée dominante, les pensées dominantes gouvernent notre vie. En d'autres termes, il existe à l'intérieur de vous, une force qui vous propulse en direction de vos pensées dominantes courantes.

C'est ainsi que dira William James: "Toute idée fortement implantée dans votre cerveau porte en elle une force intrinsèque de réalisation." – Vous avez donc le choix entre "être positif" ou "être négatif". Cela ne signifie pas ignorer la réalité des choses, être niais, naïf ou vivre dans "le monde des bisounours". Le goût et les couleurs sont subjectifs. L'un vous renforce, vous motive dans l'action qui produit des résultats et l'autre vous affaiblit.

La pensée dominante stimulera ainsi l'orientation de votre vie de manière à produire ce qui est conçu. Elle devient ainsi un rêve que vous devez réaliser. Les hommes de foi développent les pensées positives; ils voient la réussite là où les autres voient l'échec. Job 3 :25 dit: "Car la chose que je craignais est venue sur moi, et ce que je redoutais m'est arrivé." Travaillez sur votre compagnie et attachezvous à ceux qui pensent comme vous car leurs idées vous aideront à matérialiser vos rêves. Si vous êtes entouré des pauvres, vous vous appauvrirez davantage. « Dites-moi qui vous fréquentez, je vous dirai qui vous êtes, dit-on. »

Les riches marchent avec les riches, ils construisent des amitiés avec les riches; ce qui leur permet de monter dans le sommet de la vie.

Le monde nous présente rois catégories des personnes selon leur façon de penser:

Les Pauvres qui vivent et se contentent de la précarité de leurs conditions et s'évitent tout effort tendant à changer leurs finances: ils pensent à vivre la vie simplement. Ils se réveillent et ne font rien ou agissent moins, mais ne profitent pas de leur travail. Il est dit que le travail procure l'abondance, mais ils vivent dans la privation de tout. Ce qui explique leur emploi du temps totalement consacré aux choses inutiles. Ils passent leur temps dans des causeries infructueuses à longueur de journée.

Un autre exemple est celui des travailleurs impayés des années et des années dans certains pays ou payés un salaire très minime qui ne leur permet pas de nouer les deux bouts du mois.

Nous en avons connu qui sont restés cinq ans impayés, mais qui sont restés réguliers au travail espérant que les choses s'amélioreront un jour. Il s'agit d'une foi négative.

Les gens de la classe moyenne: pensent survivre dans la vie. Ils sont assimilés au premier groupe mais se démarquent relativement par des attitudes peu modérées. Ils essaient de vivre selon les petits moyens en se privant de nombreux besoins.

Les riches: qui ont de l'argent mais pensent toujours à gagner plus d'argent. Ils s'emploient à découvrir de nouvelles idées afin de s'enrichir davantage.

Si vous voulez être riche, que l'argent soit votre première priorité.
Si vous croyez que vous serez toujours pauvre et qu'il n'y a aucune possibilité pour vous de sortir de la pauvreté, vos actions produiront aussi des effets conséquents.

La Loi de la Croyance ou des convictions

Tout est possible à celui qui croit.

Cette loi stipule que ce que vous croyez et confessez détermine ce que vous voulez être ou avoir. Les saintes écritures stipulent que la vie et la mort sont au pouvoir de la langue.

Jésus Christ dit: Si vous demandez quelque chose avec foi sans douter, croyez que vous l'avez reçu et vous le verrez s'accomplir.

David qui est décrit dans la Bible comme un homme selon le cœur de Dieu, est un merveilleux exemple de quelqu'un qui était intrépide dans la croyance. David voulait s'engager au combat avec Goliath. Alors, qu'est-ce qu'il a fait? Il a agi avec une croyance intrépide, et il a fini par obtenir un « entretien d'embauche » avec le roi Saül. En présence du roi, David a dit avec assurance à

Saül qu'il voulait être embauché pour se battre avec Goliath.

David dit à Saül: « Que personne ne se décourage à cause de ce Philistin [Goliath]! Ton serviteur ira se battre avec lui. » (I Samuel 17 :32) Sous-estimé par Saül qui le voyait avec les yeux physiques alors que lui voyait l'Eternel combattre Goliath, ce n'était qu'une partie remise. Il donna au public son curriculum vitæ d'intrépidité. Il le dit, le déclara et le fit. Il dit à Goliath: « tu marches contre moi avec l'épée. La lance et le javelot; et moi je marche contre toi au nom de l'Eternel des armées, du Dieu des troupes d'Israël que tu as mises au défi. » Il ajouta: « Aujourd'hui, l'Eternel te livrera entre mes mains, je te frapperai et je te couperai la tête; aujourd'hui je donnerai les cadavres du camp des philistins aux oiseaux du ciel et aux animaux de la terre, et toute la terre reconnaitra qu'Israël à un Dieu. » (1Samuel 17 ;45-46) Ainsi dit, ainsi fait. (1 Samuel 17: 22-58). David croyait que peu importe la taille et l'armure de Goliath, il le tuerait. David a eu exactement ce qu'il croyait alors que tous les Israélites ne croyaient pas à tuer Goliath pendant quarante jours, quel gâchis d'opportunité. L'incrédulité est un gaspillage d'opportunités.

Les croyances positives sont motivatrices pour ceux qui veulent s'engager pour changer le monde. Vous voulez changer votre vie, commencer par vous nourrir des croyances au changement. N'acceptez pas que les croyances négatives envahissent vos pensées; rejetez-les et croyez sans voir. Les difficultés.

Formez et reformez votre image en rapport avec l'argent. Commencez par croire qu'il est possible de devenir riche sans savoir comment cela se fera.

Les croyances négatives emprisonnent les auteurs qui ne voient pas plus loin. Ils s'enferment et acceptent le fatalisme en nourrissant leur esprit de l'état de la pauvreté. Certains parviennent à conclure qu'ils sont venus accompagner les autres sur terre. Ils acceptent leur état et commencent à louer les autres. Ceux qui sont devenus riches ne sont pas nés avec la richesse; ils ne l'ont pas héritée de leurs parents, mais ont cru à leurs rêves qu'ils ont transformés en réalité.

Beaucoup de gens sont emprisonnés dans la pauvreté parce qu'ils ne croient pas en leur capacité d'en sortir. Si vous ne croyez pas en quelque chose, ne comptez pas sur Dieu pour vous aider.

La croyance ou les convictions que vous développez au sujet de votre situation financière actuelle vous rendront riche ou pauvre selon le cas. Vos croyances sont liées à vos pensées et vos pensées sont liées à vos croyances. Elles sont donc comme des jumelles qui évoluent interdependamment.

La Loi des Attentes

La loi de l'attente est liée à la loi de la croyance qui, elle est tributaire de la pensée du départ. Vous ne pouvez pas vous attendre si vous ne croyez pas et vous ne pouvez pas croire si vous ne vous attendez pas. Vous êtes le prophète de votre vie par ce que vous déclarez les choses. Quand vous vous attendez à de bonnes choses, de bonnes choses arrivent généralement, et quand vous vous attendez à de mauvaises choses, elles se produiront certainement.

Selon la catégorie à laquelle vous appartenez, vos attentes vous élèveront où vous rabaisseront. Il a été prouvé que ceux qui sont riches aujourd'hui ne sont pas nés riches, le sont devenus non parce qu'ils l'avaient hérité de leurs parents; mais plutôt ils ont secoué la terre pour déterrer les trésors cachés. Ayant eu des pensées positives, ils ont cru à leur réalisation et sont restés fermes dans leurs attentes. Ayez une idée claire de ce que vous attendez de votre vie financière future et attendez-vous au résultat.

Il y a eu un homme du nom de Colonel Sanders qui avait eu un rêve de changer sa vie financière avant sa mort.

Il n'a pas regardé à son âge. (66 ans).

Il eut une idée de mettre sur chantier un restaurant de poulet, mais il se buta à plusieurs reprises à l'opposition pour obtenir une licence. Cela ne le découragea pas; il a tenu jusqu' à obtenir ce qu'il cherchait. Aujourd'hui, le colonel Sanders est l'un des hommes les plus riches du monde. Avec une attente faible, Sanders n'aurait probablement jamais pensé réaliser son rêve.

Les attentes que vous avez déterminent ce que vous pensez et en quoi vous croyez. Plus, vos attentes sont élevées, plus le niveau de richesse que vous êtes susceptible de poursuivre est élevé. Si vous voulez changer votre vie financière, vous devez vous attendre à grand, parce que ce que vous attendez va déterminer en grande partie le type de choses que vous essayez d'atteindre. Si vous voulez que votre vie financière change, vous devez vous attendre à beaucoup et travailler dur.

La Loi du Temps

Le temps minutieusement utilisé est une source d'abondance, des profits tandis que lorsqu'il est gaspillé, il provoque pertes et manques à gagner.

La loi du temps stipule que le temps a deux voies à suivre: son profit ou sa perte. Cependant, lorsqu'il a disparu, il devient irrécupérable. Le temps disait

Franklin, c'est de l'argent » « Time is money. ». Le temps est comme le fleuve ou l'océan qui coule sans arrêt. Chacun doit pouvoir gérer minutieusement son temps car chaque minute a sa substance et des opportunités qui peuvent échapper si l'on n'arrive pas à les exploiter. Nous entendons souvent dire qu'on ne reporte pas à jamais ce qu'on peut faire aujourd'hui.

Ne dites pas toujours qu'il y a du temps, mais profitez de chaque minute pour accomplir un pas de votre rêve financier.

Dieu accorde à l'homme l'espace et le temps sans discrimination. L'on ne nait pas pauvre, mais on le devient comme l'on ne nait pas riche, mais on le devient.

Dieu, dans sa sagesse, a choisi de donner à chaque être humain 24 heures par jour, personne sur terre n'a plus de temps qu'une autre personne, chacun d'entre nous ayant reçu de Dieu 24 heures pour vivre que vous soyez chrétien, musulman ou athée. Il n'y a personne sur terre qui soit plus riche ou plus pauvre par rapport au temps. Cependant les gens deviennent plus riches ou plus pauvres par la façon dont ils utilisent leur temps. David a dit "Dieu aide moi à compter mes jours". Il n'a pas dit à Dieu d'ajouter plus de jours dans sa vie plutôt qu'il soit responsable. Les riches valorisent leur temps, ils ne le dépensent pas vaille que vaille, alors que les pauvres gaspillent leur temps vaille que vaille.

Si vous mettez de la valeur sur votre temps, vous serez en mesure de produire un bien et un service précieux et vous obtiendrez ce que vous voulez dans la vie.

Lorsque nous regardons au monde du travail, les salaires sont fixés en fonction du nombre d'heures prestées. Certains travaillent en heures supplémentaires pour gagner plus. Tout est fonction du temps. Plus vous donnez d'heures à votre travail, plus vous serez payé. Les gens qui travaillent sur un contrat de zéro heure le comprennent mieux.

Notre Dieu est un Dieu de justice; et Il fixe le temps pour tous et ne favorisent pas une catégorie de personnes données. Et chacun doit tirer profit de ce temps. Maximisez votre temps car il est un facteur capital dans la réalisation de vos rêves. La durée de temps que vous mettez dans quelque chose détermine en grande partie vos chances de gagner. Si vous avez une mauvaise gestion du temps, par exemple, vous perdez votre temps à accomplir des tâches improductives, comme regarder la télévision pendant des heures, rester accrochés au téléphone ou à des causeries improductives. Bref, veillez à l'utilisation rationnelle de votre temps.

Aujourd'hui, décidez de donner plus votre temps aux gens qui apprécient votre temps. Les professionnels tels que les médecins, les avocats ont une limite de temps pour recevoir des personnes, chaque client a un temps limité et plus vous passez du temps avec eux, plus ils vous facturent.

Le temps et la valeur sont interdépendants, car en général, on peut dire que plus le temps augmente, plus la valeur est grande. Si vous voulez gagner de l'argent et devenir riche, vous devez être prêt à dépenser tout ce qu'il faut pour créer quelque chose d'assez important avec votre temps.

Le temps peut être gaspillé ou investi, une fois qu'il a été gaspillé, il a disparu pour toujours et vous ne pouvez pas le récupérer. Pendant que vous perdez du temps, le temps passe car il n'attend personne. Au moment où vous vous réveillez, vous serez vieux et le temps a disparu. Investissez votre temps plutôt que de le gaspiller.

L'argent et le temps vont ensemble. Si vous investissez votre temps dans le gymnase, vous apprécierez un mode de vie sain, si vous investissez votre temps à lire des livres sur l'argent, vous obtiendrez des connaissances sur le fonctionnement de l'argent. Si vous donnez plus de temps dans votre travail, vous obtiendrez plus d'argent, mais si vous perdez votre temps à la télévision à regarder des films ou des émissions de télé réalité, vous aurez probablement de la confusion.

Notre conseil est que vous puissiez exploiter votre temps et en tirer profit. Nous vous conseillons de toujours investir votre temps dans votre développement personnel, de sorte que vous puissiez travailler à devenir meilleur dans les choses qui vous tiennent à cœur. Un de vos objectifs dans ces 24 heures par jour que Dieu vous donne devrait être d'augmenter votre potentiel pour recevoir le plus d'argent ou la connaissance de l'argent possible en échange de votre temps. Un moyen efficace de le faire est d'identifier les utilisations les plus rentables de votre temps, puis de consacrer plus de temps à faire ces choses. Plus vous accordez de valeur à votre temps, plus les bonnes choses en ressortiront

Savoir utiliser rationnellement le temps en évitant de remettre à demain ce qu'on peut faire aujourd'hui.

La Loi de l'Epargne

Cette loi stipule que ce n'est pas l'argent que vous gagnez qui déterminera votre avenir financier, mais plutôt l'argent que vous épargnez. Le livre de sagesse nous édifie tant soit peu sur certaines leçons de la vie qui peuvent nous guider dans notre démarche.

Va vers la fourmi, paresseux; Considère ses voies, et deviens sage. Elle n'a ni chef, Ni inspecteur, ni maître; Elle prépare en été sa nourriture, Elle amasse pendant la moisson de quoi manger. Paresseux, jusqu'à quand seras-

tu couché? Quand te lèveras-tu de ton sommeil? Un peu de sommeil, un peu d'assoupissement, Un peu croiser les mains pour dormir!... Et la pauvreté te surprendra, comme un rôdeur, Et la disette, comme un homme en armes. (Proverbes 6: 6-11)

En examinons ces passages de près, nous tirons les leçons suivantes:

- La fourmi n'a ni chef, ni inspecteur, ni maître: Elle conçoit et décide l'itinéraire à prendre pour atteindre son objectif. Elle travaille et récolte la moisson. Sachez que vous êtes le seul responsable de votre vie et vous devez vous engager personnellement pour la réalisation de vos rêves. Ne soyez pas quelqu'un qui cherche toujours des raisons quand il s'agit de chercher de l'argent.

- La fourmi amasse la provision: signifie que vous devez apprendre à épargner de l'argent que vous gagnez, il peut arriver une saison de famine si vous n'avez pas gardé de l'argent, vous serez dans le pétrin et dans la confusion. Si vous voulez toujours avoir de l'argent, apprenez à le garder.

- La fourmi rassemble sa nourriture dans la récolte: Concentrez vos avoirs dans vos affaires, et multipliez, remplissez la terre comme l'Eternel l'a dit à la création. Amassez signifie rassemblez et conservez vos avoirs au lieu de les gaspillez. En d'autres termes, la richesse est déterminée par combien d'argent vous êtes capable d'épargner, et non par combien d'argent vous êtes capable de gagner.

Prenons aussi une autre illustration de Joseph en Egypte. Il proposa au roi de faire des provisions pour combler les sept années de famine. (Genèse 41: 1-57). Des rêves du roi, Dieu lui montrait qu'il y aura une période de sept ans d'abondance et sept ans de famine en Egypte. Au cours de la période de sept ans d'abondance, Dieu révèle à Joseph le secret de faire des provisions qui permettront au peuple de vivre. Au temps de l'abondance, Joseph fit des provisions pour tout le pays alors que d'autres pays gaspillaient les leurs.

Tout le pays d'Egypte était en abondance et ne manquait pas de nourriture pendant que d'autres pays étaient atteints et étaient dans la famine. Le monde entier se dirigea en Egypte afin de se procurer des vivres.

Si vous voulez quitter la pauvreté et vivre dans la richesse, vous devez comprendre que l'épargne fait partie des armes que vous devez vous prémunir. Vous pouvez épargner les espèces comme vous pouvez investir dans des immobiliers ou certains biens de valeur que vous pouvez vendre dès que les besoins se font sentir. Si vous voulez toujours avoir de l'argent dans votre vie, vous devez viser à économiser plus d'argent que vous dépensez, sinon vous n'aurez jamais d'argent. Lorsque vous économisez de l'argent, vous devez économiser sur les biens et/ maisons plutôt que sur des choses qui diminuent la valeur au fil du temps comme les voitures,

l'électronique, les vêtements. Cela ferait en sorte que, lorsqu'il y a une crise économique, vous ayez toujours quelque chose à faire. Rappelez-vous qu'il aura toujours une période sèche dans le monde, mais si vous avez économisé beaucoup d'argent, vous vous réjouirez pendant que les autres pleurent.

Les gens qui ont appris à garder l'argent au moment de la famine, deviennent plus riches parce qu'au moment de la famine, ils ont toujours quelque chose de leur épargne.

Evitez de vous plonger dans le luxe, alors que votre épargne est nulle. L'homme connaît toujours deux temps dans leur vie: il y'a toujours une période d'abondance et de famine dans le monde. Le livre d'Ecclésiastes le souligne bien. « Il y a un temps pour tout et un temps pour toute activité sous le ciel:

un temps pour naître et un temps pour mourir, un temps pour planter et un temps pour arracher ce qui a été planté, un temps pour tuer et un temps pour guérir, un temps pour démolir et un temps pour construire, un temps pour pleurer et un temps pour rire, un temps pour se lamenter et un temps pour danser, un temps pour lancer des pierres et un temps pour en ramasser, un temps pour embrasser et un temps pour s'éloigner des embrassades, un temps pour chercher et un temps pour perdre, un temps pour garder et un temps pour jeter, un temps pour déchirer et un temps pour coudre, un temps pour se taire et un temps pour parler, un temps pour aimer et un temps pour détester, un temps pour la guerre et un temps pour la paix. Mais quel avantage celui qui agit retire-t-il de la peine qu'il se donne? J'ai vu quelle occupation Dieu réserve aux humains. (Ecclésiastes 3 :1-15)

Il y a toujours des événements imprévus tels que la perte d'emploi, l'inflation, maladies, qui peuvent vous surprendre et vous rendre malheureux.

Économiser de l'argent est un remède aux situations imprévues à votre principale source de revenu. Vous devez donc décider d'avoir au moins six à douze mois économisé de l'argent dans votre compte bancaire; ce que nous appelons un compte bancaire d'urgence où vous mettez de l'argent juste pour des circonstances inattendues ou lorsque vous avez perdu votre emploi ou coupé de votre principale source de revenu. Ce compte d'urgence vous aidera à maintenir votre niveau de vie normal, tout en vous permettant de trouver une autre source de revenu. En le faisant, vous savez que vous avez de l'argent économisé dans votre compte d'urgence, ce qui vous procurera une paix incroyable, surtout si vous avez une famille en charge.

Faites de votre mieux et travaillez dur pour que vos économies par mois soient égales ou supérieures à vos dépenses. Lorsque vos économies par mois sont égales ou supérieures à vos dépenses, vous êtes sur le point d'être riche et financièrement prospère.

Ayez une discipline dans les dépenses et ne dépensez que lorsqu'il y a des raisons financières prioritaires et urgents.

Pendant que vos amis dépensent leur argent pour manger au restaurant tous les week-ends, qu'ils s'achètent des vêtements, qu'ils décorent leurs maisons, vous devriez surveiller vos dépenses et épargner autant que possible. Un jour, il y aura un jour où vos amis viendront emprunter de l'argent. Beaucoup de gens gaspillent de l'argent pour de petites choses. Apprenez à payer vos achats en espèces ou ne l'achetez pas. Cela vaut la peine de répéter, payer vos achats en espèces ou n'achetez pas.

Ne dépensez pas parce qu'il y a des rabais, mais que ces rabais coïncident avec un besoin important et urgent. C'est ce qu'on appelle "se protéger contre soi-même".

Voyons un exemple en illustration. Si votre revenu de travail ou d'autres affaires est de 1000-dollar par mois, faites de votre mieux pour enlever 10% à 30% de votre argent et le mettre dans un compte d'épargne. Vous pouvez faire un plan à long terme, moyen terme ou un plan à court terme en fonction de ce que vous voulez faire avec votre argent. Si vous faites un plan de cinq ans et vous payez d'abord 10% à 30% avec votre argent tous les mois pendant cinq ans, vous serez sur la bonne voie pour réussir financièrement. Si, à 25 ans, vous commencez à verser 300 dollars par mois, soit 3600 dollars par an dans un compte d'épargne, à l'âge de 65 ans, vous aurez au moins 3600 x 40, soit 144.000 dollars dans votre compte.

Un conseil amical, lors de la mise en place d'un compte épargne où vous vous payez d'abord, ne touchez pas cet argent pendant au moins cinq ans et disciplinez-vous pour ne pas recourir à l'usage de la carte bancaire et ne pas manquer un versement en épargne un seul mois.

La Loi d'Auto-rémunération

Cette loi dit que vous vous payez d'abord est beaucoup mieux avant de payer quelqu'un d'autre car vous êtes beaucoup plus important que tout le monde. L'ouvrier mérite son salaire. Développez les habitudes de vous payer d'abord. Lorsque le temps passe, faites de votre mieux pour augmenter le montant que vous vous payez d'abord progressivement, comme vous le pouvez.

L'un des moyens les plus faciles de commencer à économiser votre argent est de vous payer d'abord. Cela implique de prendre une partie de votre revenu chaque jour, chaque semaine ou chaque mois cela dépend du revenu que vous recevez et de le mettre dans un compte d'épargne avant de faire autre chose avec votre argent.

Le concept de se payer soi-même d'abord n'est pas de vous faire plaisir en vous payant une nouvelle paire de chaussures ou d'aller à un voyage à Dubaï. Il s'agit de prendre soin de vous financièrement pour l'avenir. Tout ouvrier mérite son salaire. Ayez votre salaire avant tout.

La richesse est comme un arbre qui a besoin d'une graine pour grandir, quand vous vous payez vous-même d'abord vous plantez une graine de richesse pour devenir riche. Par conséquent, vous devez commencer à vous payer maintenant que vous lisez ce livre. Il est préférable de commencer maintenant que de ne jamais commencer du tout. Il n'est pas tard, vous pouvez faire une différence pour vos finances futures parce que vous êtes en mesure d'économiser à partir de maintenant, le choix est le vôtre. Le succès financier vient de s'engager dans des activités qui créeront une stabilité financière et une sécurité à long terme, sans aucun de ces facteurs, vous risquez de perdre tout.

En tant qu’enfant de Dieu, vous devez penser à Dieu d'abord quand vous avez de l'argent entre vos mains, prélevez la part de Dieu le pourvoyeur des semences. Il s’agit de la dîme, des offrandes, des aumônes, et des activités charitables. Fixez un pourcentage sur les chiffres d’affaires ou les bénéfices. Si vous choisissez d'aller avec un pourcentage plus petit ou plus élevé, c'est bien. Mais ne le rendez pas trop facile sur vous-même, si vous en faites le pourcentage trop facile, alors il vous faudra plus de temps pour voir des résultats substantiels. Si vous ne voyez pas de bons résultats rapidement, alors vous pouvez très bien perdre l'intérêt et arrêter l’habitude. Si vous le faites, vous serez étonné de la rapidité avec laquelle vous économiserez de l'argent.

En examinant attentivement cette loi, payez-vous d'abord et ne vous payez pas en dernier. En vous payant d'abord, vous constaterez que vos habitudes de dépenses s'ajusteront rapidement pour accommoder le montant d'argent qui vous reste. Quelqu'un peut poser une question de savoir si vos factures mensuelles accommodent votre argent restant? Vous aurez l'option d'augmenter votre revenu.

La liberté financière consiste à vivre selon le niveau de vie que vous voulez, ce qui signifie qu'aucune personne ne vous contrôle. Une chose à propos de l'être humain, ils détestent être dicté quoi faire. Ne laissez pas votre vie financière dans la main de votre patron, ami ou gouvernement, fait de votre mieux pour obtenir le contrôle de votre vie financière vous-même. C'est merveilleux quand vous pouvez faire ce que vous voulez faire à votre rythme sans que quelqu'un vous dicte où vous pousse. Vous devez garder votre argent de 10% ou plus que vous mettez de côté loin d'autre argent que vous économisez. Ne gardez pas vos économies et votre argent de poche sur le même compte bancaire ou dans le même endroit car il sera trop facile de puiser dans l'argent économisé et avant que vous le sachiez, cet argent sera parti.

Atteindre le succès financier est un processus. Cela n'arrivera pas du jour au lendemain sans discipline et travail conséquents. Il a été dit "pour faire quelque chose puissant, vous devez le rendre pratique". Certaines personnes gagnent beaucoup d'argent, mais elles se trouvent misérables parce qu'elles dépensent trop, pas étonnant qu'elles gagnent beaucoup d'argent au lieu d’avancer elles reculent toujours financièrement. Chaque fois que vous gagnez de l'argent à partir de n'importe quelle source, vous devez vous assurer de vous payer d'abord. Ne soyez pas pris avec l'habitude de beaucoup de gens qui pensent que lorsqu’ils ont de l’argent, la première chose qu’ils doivent faire c’est de payer toutes leurs factures et s'il reste quelque chose, elles économisent quelques dollars. En d'autres termes, elles paient tout le monde en premier et se paient elles-mêmes en dernier. Si vous voulez être en avance sur le jeu de finance, vous devez renverser l'ordre, mettre de l'argent de côté pour vous, puis payer toutes vos autres factures.

Une fois que vous commencez à vous payer d'abord, dans un laps de temps, vous vous y êtes totalement habitué. La seule différence que vous remarquerez est à quel point vous vous sentez en sachant que vous êtes sur la bonne voie pour réussir financièrement. Ce changement de votre vie financière changera finalement votre destin financier.

Certaines personnes se disent qu'on ne vit qu'une seule fois. Par conséquent, elles dépensent tout ce qu'elles gagnent dans le luxe et reprennent le cycle d'une manière infernale.

Les Sources des Financements

La première question qui se pose lorsqu'on doit commencer une affaire c'est celle de savoir comment trouver l'argent ou le fonds de départ? Et lorsqu'on n'arrive pas à aller loin avec les recherches des sources de financement, l'on est découragé. Nous suggérons quelques sources qui peuvent vous aider à financer vos projets.

Si au départ l'on a aucun fonds, on peut toquer à certaines portes. En voici quelques-unes

Les Subventions et Prêts

Une subvention est une aide financière offerte sous conditions aux entreprises sans contrepartie en vue de les inciter à réaliser des activités ou projets qui ont comme bénéficiaire les communautés locales. Cette aide n'est pas remboursable, il s'agit de fonds perdu qui n'est pas reclamable que peuvent verser l'État, les régions, les départements ou tout autre organisme d'aide à la création.

Le Concours

Certains concours sont organisés pour inciter et encourager la création des entreprises. Ceux qui sont intéressés participent à ces concours en présentant leurs projets. Certains projets sont retenus et d'autres sont rejetés. Il suffit de bien préparer son projet et bien le défendre pour bénéficier de cette faveur.

Les Prêts d'honneur

Les prêts d'honneur sont des crédits à moyen terme accordés au porteur de projet sans garanties personnelles. Bien souvent, ces crédits sont à taux zéro. Il s'agit donc d'un agréable coup de pouce, mais qu'il faudra quand même rembourser. Ils peuvent représenter des sommes importantes selon la taille de l'entreprise.

Les Prêts Bancaires

Les banques peuvent aussi octroyer des prêts à ceux qui ont des projets de mise en place des entreprises. Ils doivent se soumettre aux conditions fixées par les institutions bancaires et présenter ce que nous appelons le plan d'affaires (Business plan) qui détaille le fonctionnement de l'entreprise avec des entrées et sorties qui soulignent ou ressortent les bénéfices que l'entreprise tire. Les conditions d'attribution varient d'une banque à l'autre, et certaines exigent des garanties personnelles. Ces prêts sont remboursables. On comprend bien que le banquier n'ait pas envie de prendre plus de risques que l'entrepreneur.

Pour de nombreuses questions liées au financement des PME (PME qui signifie Petites et Moyennes Entreprises) L'avantage des concours, des subventions et des prêts est que vous resterez le seul maître à bord. En cas de succès, vous possèderez l'intégralité de l'entreprise et des sommes qu'elle génère. Mais bien souvent, il faudra faire appel à d'autres personnes pour vous aider financièrement lors du démarrage ou de la croissance de votre boîte, en investissant dans votre société une somme d'argent pouvant être très importante, en échange d'une partie du capital. Mais attention à ne pas donner trop de capital dès la première levée de fonds, sinon vous risquez à terme de ne plus être majoritaire et donc maître de votre projet et des décisions concernant l'entreprise. Sachez qu'à chaque levée de fonds vous serez « dilué », c'est-à-dire que le pourcentage de l'entreprise qui vous appartient sera de plus en plus faible. Pour savoir quel pourcentage donner à un investisseur, il faudra que vous estimiez combien vaut votre entreprise, c'est-à-dire quelle quantité d'argent elle pourra générer dans le futur, et non pas quelle quantité d'argent elle possède aujourd'hui. Il existe différentes méthodes pour estimer la valeur d'une entreprise, mais au final le pourcentage donné dépendra de la négociation que tu feras avec le nouvel investisseur.

Les investisseurs

Love Money

On appelle « love money » l'argent qu'un entrepreneur peut trouver dans son entourage en vue de commencer les affaires ou l'entreprise. Famille, amis, ou simples connaissances, ce sont généralement les personnes à contacter pour trouver les premiers financements.

Ces investisseurs locaux ou maisons ne jettent pas leur argent; ils soutiennent avec espoir de recevoir leur argent en retour; ils ont besoin de garanties de la part de l'entrepreneur.

Certains dispositifs fiscaux encouragent l'investissement dans les PME, avec des réductions d'impôts pouvant représenter 25% de la somme investie.

Evitez de faire de votre entreprise une affaire familiale ou amicale parce qu'ils ont aidé avec leur argent; elle tombera en faillite surement.

Business Angels

On appelle Business Angels des investisseurs individuels qui aident des entrepreneurs peu après le lancement de leur entreprise. Ce sont souvent des anciens entrepreneurs qui peuvent vous soutenir avec leurs conseils et argent, même les structures matérielles au démarrage de votre entreprise. Comme les autres investisseurs, ils attendront en retour leurs capitaux

Capital-investissement

Les fonds de capital-investissement (aussi appelé private equity) sont des entreprises spécialisées dans l'investissement au capital d'entreprises qui ne sont pas cotées en Bourse. Ils sont capables de vous apporter des milliers, voire des millions d'euros si vous arrivez à les convaincre que votre projet a de l'avenir. Selon la maturité de votre projet, ils pourront porter différents noms: amorçage, capitalrisque, capital-développement, capital-transmission etc. L'objectif de ces fonds est de revendre les actions qu'ils auront dans votre société quelques années après être entré dans ton capital (souvent moins de 5 ans), en réussissant à faire une belle plus-value. Ils seront donc très exigeants sur les résultats de votre entreprise et vous devrez les rencontrer régulièrement pour les tenir informer de l'état de vos affaires.

L'univers du capital-investissement est complexe. Il existe plusieurs centaines de fonds ayant chacun leurs spécificités. Il vous faudra donc sélectionner ceux qui pourront certes vous apporter l'argent que vous souhaitez, mais également vous faire bénéficier de leur expérience, vous donner des conseils, et vous donner accès à leur réseau.

Dans la majorité des cas, mieux vaut vous faire aider pour démarcher ce type d'investisseurs. Il existe de nombreuses sociétés de conseil en levée de fonds ou des avocats spécialisés dans ce type d'opération.

« There's no such thing as a free lunch » (Un déjeuner gratuit, ça n'existe pas) Ce dicton, populaire dans le monde économique et financier depuis son utilisation par l'économiste Milton Friedman, peut se rapprocher de l'expression française "on n'a rien sans rien". L'occasion ici de rappeler que tous ces modes de financement peuvent avoir des avantages, mais également des inconvénients. Pour obtenir l'argent nécessaire à votre entreprise, vous devrez faire des concessions: dilution, intérêts, dividendes, cautions… Faites bien attention aux implications que peuvent avoir ces différents modes de financement, surtout dans le cas où votre aventure se passe moins bien que prévu. Il est donc nécessaire de comparer ces différentes possibilités et de choisir celle qui vous parait la plus appropriée

CHAPITRE III
Les Stratégies pour devenir Riche

La combinaison des lois ainsi énumérées au point précédent, nous conduit à proposer les principes suivants

Le Changement de Mentalité ou d'état d'esprit

(Mindset)

Ne vous conformez pas au siècle présent, mais soyez transformés par le renouvellement de l'intelligence, afin que vous discerniez quelle est la volonté de Dieu, ce qui est bon, agréable et parfait. (Romains 12 :2)

Tout d'abord, si vous voulez avoir de l'argent, vous devez supprimer en vous ce mauvais concept de croire que "l'argent est la racine de tous les maux". L'argent n'est pas la racine de tous les maux plutôt l'amour de l'argent, ce qui signifie que lorsque l'argent vous contrôle plutôt que vous le contrôlez. Une des choses qui mettent les gens mal à l'aise d'entendre parler le prédicateur dans l'église est la question de l'argent. La plupart des problèmes auxquels les gens font face remontent à l'argent. Ecclésiaste 10 :19 a dit "un festin est fait pour rire, et le vin rend joyeux: mais l'argent répond à toutes choses". Si l'argent n'est pas important pour vous, sachez qu’il pourrait affecter tout ce qui est important dans votre vie. L'argent affecte votre mariage, votre relation, votre santé et votre association

L'église enseigne aux chrétiens de payer la dîme, de donner des offrandes, des semences prophétiques mais elle n'enseigne pas les principes de la finance. Deutéronome 8: 18b dit "Dieu donne le pouvoir d'obtenir des richesses". Dieu ne nous donne pas la richesse mais le pouvoir ou la capacité de créer de la richesse. Ce n'est pas en allant à l'église que vous réussirez financièrement, pas même les années où vous avez été dans l'église, qu'un jour vous serez financièrement bénis. Dieu a mis en vous le pouvoir ou la capacité de créer de la richesse, si vous ne changez pas votre perception vis-à-vis des finances, vous ne réussirez jamais financièrement, vous irez au paradis mais vous serez pauvre sur la terre. Vous devez marcher dans les principes de la finance de Dieu afin d'entrer dans la richesse divine.

Jack Ma (Le Chinois le plus riche) a dit: "S'il vous plaît, dites à vos enfants que le monde change tous les jours et que personne ne vous attendra dans le passé: quand le briquet a été inventé, les allumettes ont lentement disparu. Quand un smartphone avec GB (accès Internet sans fil) a été introduit dans le monde, vous n'avez plus besoin d'allumer votre ordinateur à la maison. Le chat (mobile, messagerie textuelle / vocale) est développé, la messagerie texte traditionnelle n'est plus aussi populaire qu'avant: ne blâmons pas qui a pris la relève des entreprises c'est seulement parce que les gens sont plus adaptables aux nouvelles idées et aux changements du monde.

Quelqu'un demande à Jack Ma "quel est votre secret pour le succès? Il dit très simple, je fais pendant que vous regardez seulement". Rappelez-vous que le monde change tous les jours. Si vous passez du temps à boire de l'alcool, vous pouvez devenir un alcoolique, si vous passez du temps à vous plaindre, vous pouvez devenir blâmé, si vous passez du temps à vous beauté, vous deviendrez une jolie fille ou un beau mec. Si vous passez du temps à apprendre, vous pouvez acquérir de la sagesse. Si vous passez du temps avec votre famille, vous pouvez entretenir une relation chaleureuse et aimante avec vos proches.

Nous croyons que si Jésus devait être ici sur la terre pendant ce temps, il prêcherait sur les finances. C'est parce qu'il est évident à partir des écritures que Jésus s'intéresse aux finances. Dans la Bible, il y a environ 40 versets sur le baptême, 275 sur la prière, 350 sur la foi, 650 sur l'amour et 2350 versets sur les finances. La Bible a enregistré 37 paraboles de Jésus, 23 de ces paraboles sont pour des finances ainsi toutes les paraboles de Jésus sont 100% signifiant que 61% sont pour des finances et 39% pour d'autres sujets. Dans la toute la Bible le sujet de la prière est apparu 500 fois mais les sujets des finances sont apparus 2000 fois. Si le sujet de la finance est important pour Dieu, il doit aussi être important pour nous.

Être riche pour nous, ce n'est pas nécessairement avoir beaucoup d'argent, mais nous disons que vous êtes riche quand ces trois éléments sont réalités dans votre vie:

1. Lorsque vos économies sont égales ou supérieures à vos dépenses.
2. Lorsque vous choisissez de travailler et non vous devez travailler - quand vous n'avez plus à travailler pour de l'argent mais de l'argent pour vous
3. Quand vous n'avez pas de dettes.

Changez votre vocabulaire

Parlez d'idées nécessite un vocabulaire différent de celui des personnes normales. Utilisez des mots comme possible au lieu d'impossible, peut au lieu de ne peut pas, et je vais au lieu de je devrais. Je suis capable au lieu de je ne suis pas capable. Vous recevrez ce que vous confessez. Les gens riches ont des vocabulaires positifs, ils ne croient pas en la négativité ou l'impossibilité quand il s'agit d'argent. Les paroles sont très puissantes si vous voulez savoir ce que quelqu'un pense juste écouter ce qu'ils disent. Les pauvres sont plus pessimistes qu'optimistes. Les gens qui ont de l'argent parlent avec beaucoup de confidence, ils croient qu'ils peuvent transformer leur désir en réalité.

Arrêtez de vous plaindre et commencez à apprendre

Souvent lorsque les pauvres se plaignent, il s'agit de choses et d'autres personnes. Quand vous vous plaindrez de dettes, de factures et de déceptions, tôt ou tard, vous en aurez plus. Se plaindre de la façon dont votre vie financière ne va pas de toute façon vous laissera fauché, se plaindre de personnes qui vous traitent injustement, vous allez continuer à être traité injustement. Se plaindre de la gravité de votre situation et ça va s'empirer. Le pouvoir de vos paroles crée l'expérience de votre vie. Les gens qui ont de l'argent ne se plaignent pas beaucoup, ils voient la situation difficile comme une opportunité de faire mieux. Les mots que vous utilisez révèlent votre cœur et votre esprit, si vous voulez savoir ce que votre vie ressemblera, écoutez les mots que vous parlez. Les gens qui se plaignent beaucoup se maudissent littéralement eux-mêmes. Si vous voulez changer votre vie, confessez de bonnes choses à propos de votre vie, alors vous verrez que le changement commencera à se dérouler. La prochaine fois que vous êtes tenté de vous plaindre, demandez-vous: qu'est-ce que la vie essaie de m'apprendre? Il y a toujours une leçon à apprendre quand quelque chose ne va pas ou quand les choses semblent difficiles. Les leçons de la vie viennent nous apprendre à regarder la vie à partir de nouvelles perspectives. Deux personnes peuvent regarder la même situation avec des perspectives différentes, l'une la regarde négativement, l'autre la regardera positivement et elles obtiendront un résultat en fonction de la façon dont elles voient les choses. Ne regardez pas négativement les choses négatives mais regardez positivement les choses négatives.

Apprenez à embrasser le changement

Le changement peut être positif ou négatif, le problème est la façon dont vous acceptez le changement. Il est dit "dans la société, le changement est effrayant pour les timides. Pour le confort, le changement est menaçant. Mais pour les plus confiants, le changement est une opportunité". La façon dont vous gérez le changement, déterminera le résultat que vous en retirerez.

Les gens riches acceptent le changement parce qu'ils savent que c'est une opportunité de croissance et de regarder la vie sous un angle différent. Les personnes qui acceptent le changement sans se plaindre gagnent leur confiance et leur confiance en sachant que vous pouvez gérer tout ce qui se passe sur votre chemin.

Les personnes pauvres craignent le changement parce qu'elles ne savent pas si elles sont assez fortes pour changer. La première raison pour laquelle les gens résistent au changement est la peur: la peur vous empêche de saisir les opportunités, lorsque vous développez votre confiance et apprenez à accepter le changement, vous serez en mesure de voir les possibilités qui s'offrent à vous. Plus nous apprenons, plus nous devenons plus forts et plus confiants. La vie est un enseignant, plus nous vivons, plus nous apprenons. N'ayez pas peur de commettre des erreurs, commettez-en une et apprenez-en quelque chose. Lorsque vous êtes habitué au changement, cela vous donnera auto-confiance.

La plupart des gens pensent que les gens qui ont de l'argent ont de la chance et sont au bon endroit au bon moment. Il ne suffit pas d'être dans le bon endroit et au bon moment. Vous devez être la bonne personne, au bon endroit, au bon moment, sinon vous ne verrez même pas l'opportunité.

Apprendre à accepter le changement vous assure que vous devenez une personne qui peut profiter des opportunités de la vie. Un avenir meilleur appartient à ceux qui peuvent changer avec le temps. Apprendre à changer est la première étape pour avoir confiance en soi. Le changement n’est pas changement jusqu'à ce que vous changiez.

Être riche est un choix et non un souhait, c'est l'une des erreurs que les gens font en matière de richesse, ils veulent être riches plutôt que de faire le choix d'être riche; il y a une énorme différence entre les deux. Un choix est soutenu par une croyance que vous pouvez le faire, mais un souhait est soutenu par un doute que vous pouvez. Le doute est un mot de code pour la peur, là où il y a la peur, il y a un doute, vous ne pouvez pas séparer les deux. Les gens qui manquent d'argent ont peur qu'ils ne deviennent pas riches, ils pensent que les richesses sont pour un certain groupe de personnes.

Qu'est-ce qui est en vous, une croyance que vous pouvez le faire ou une peur que vous ne pouvez pas, ceci révèle de quoi vous êtes fait. Quand les richesses deviennent votre choix, vous ferez n'importe quoi pour faire de votre choix une réalité, comme si quelque chose brûlait à l'intérieur de vous, jusqu'à ce que vous l'ayez fait, vous ne serez pas en paix avec vous-même. Parfois, nous ne savons pas ce que nous pouvons faire ou devenir jusqu'à ce que nous commencions à faire quelque chose. Imaginez ne plus jamais avoir à vous soucier de l’argent! Eh bien, c'est comme ça que c'est d'avoir du succès financièrement et c'est le niveau que vous pouvez atteindre si vous planifiez et agissez bien concernant l'argent.

Partez de ce que vous possédez?

L'Eternel dit à Gédéon d'aller avec la force qu'il avait. Les disciples de Jésus avaient deux poissons et cinq pains.

Ne négligez pas votre faible commencement.

La grande barrière qui bloque plusieurs à pouvoir se lancer c'est lorsqu'ils se posent la question de savoir comment ils peuvent commencer, avec quel capital? Cette question n'est pas principale, car l'on sait partir avec ce qu'on a. Dans le livre de Juges, Gédéon posait cette question: Juges 6 :12,14 (Louis Segond)

L'ange de l'Éternel lui apparut, et lui dit: L'Éternel est avec toi, vaillant héros! L'Éternel se tourna vers lui, et dit: Va avec cette force que tu as, et délivre Israël de la main de Madian; n'est-ce pas moi qui t'envoie.

Dans leur échange avec les disciples: « Jésus leur dit: Ils n'ont pas besoin d'y aller: donnez-leur vous-mêmes à manger! – Mais, lui répondirent-ils, nous n'avons ici que cinq pains et deux poissons. – Apportez-les moi, leur dit Jésus. Il ordonna à la foule de s'asseoir sur l'herbe, puis il prit les cinq pains et les deux poissons, il leva les yeux vers le ciel et prononça la prière de bénédiction; ensuite, il partagea les pains et les donna aux disciples qui les distribuèrent à la foule. Tout le monde mangea à satiété. On ramassa les morceaux qui restaient; on en remplit douze paniers. Ceux qui avaient mangé étaient au nombre de cinq mille hommes, sans compter les femmes et les enfants. »

Commencez petit: Il faut beaucoup de courage pour démarrer une entreprise, surtout quand vous devez faire un investissement initial basé sur la foi. C'est un risque que vous devez prendre, mais beaucoup de gens n'ont jamais le courage de prendre ce risque, leurs idées restent dormantes. Rien n'est jamais accompli en regardant simplement de l'extérieur. La vérité des choses est que ce que vous ne commencez pas ne peut pas finir. Il n'y a que deux types de travail qui requièrent que vous commenciez par le haut et que vous descendiez: creuser des puits et creuser des fosses. Tout le reste part du bas vers le haut et doit être travaillé petit à petit. Certaines personnes sont tellement excitées qu'elles veulent commencer grand et voir des résultats immédiats. Le fait de la vie est que tout ce qui pousse trop vite meurt rapidement. Le processus est une exigence de succès et de croissance dans presque tous les aspects de la vie. Certaines personnes vont de l'avant et avant même de pouvoir démarrer leur entreprise, elles ont déjà des visions d'avoir des succursales sur tous les continents. Commencez grand et vite pourrait parfois signifier l'échec. La plupart des gens qui ont commencé grand la plupart du temps craquent au fil de temps.

Ayez des Idées sur ce que vous pouvez faire

Parlons des idées qui sont les points de départ de toutes les fortunes et les racines mêmes de toute la création. L'univers a été créé par une idée. Dieu a eu une idée de l'univers, puis Il a commencé à travailler sur son idée, puis tout ce qui remplit le ciel et la terre s'est manifesté.

Ayez le désir d'avoir de l'argent

Pour obtenir quelque chose dans la vie, commencez par un désir, même pour l'argent. Lorsque vous désirez quelque chose chaque jour augmente votre créativité. Lorsque vous utilisez consciemment votre imagination sur une base régulière, alors vous allez commencer un flux constant d'idées qui peuvent vous faire de l'argent. Les gens riches n'ont pas de problème à gagner de l'argent, quand ils ont trouvé un désir qu'ils s'en tiennent à cela et en tirent de l'argent.

Quand la Bible dit que Dieu nous donne le pouvoir d'obtenir de la richesse. Le mot pouvoir signifie ici capacité, créativité, idée et sagesse. Dieu ne jette pas l'argent du ciel aux gens, il n'y a pas de banque d'argent dans le ciel. Dieu n'est pas dans l'affaire de jeter de l'argent aux gens; sinon tous les guerriers de prière ou les chrétiens seront multimillionnaires. Mais Dieu est dans l'affaire de donner aux gens des idées divines et la capacité de tirer parti du flux divin de la créativité.

La plupart des gens ont des idées mais ne sont pas mesure de transformer ces idées en revenus. Laissez-nous vous raconter une merveilleuse histoire du colonel Sanders, le fondateur du restaurant KFC, comment il a transformé son idée en revenu. A cinq ans, il avait perdu son père, à 16 ans il a abandonné l'école, à 17 ans il a été chassé de quatre emplois, à 18 ans il s'est marié et devenu conducteur de chemin de fer. À 19 ans, il devint père d'une petite fille, à 20 ans sa femme le quitta et emmena avec elle leur petite fille d'un an. À 22 ans, il entra dans l'armée et fit sa demande à la faculté de droit mais il a été chassé de l'école. Il est ensuite devenu un vendeur d'assurance. Il a décidé de devenir cuisinier et laveur de vaisselle dans un petit café. À 65 ans, il a pris sa retraite, le premier jour de sa retraite, il a reçu un chèque du gouvernement pour cent et cinq dollar, quelle gifle sur le visage. Comment pourrait-il survivre avec un budget mensuel de cent et cinq dollar à un âge si avancé? Se sentant humiliant et désespéré, il décida de se suicider. Il s'assit sous un arbre en train d'écrire sa lettre de suicide, puis tout à coup, il pensa à écrire ce qu'il aurait accompli s'il avait eu le choix de recommencer sa vie. Il réalisa qu'il y avait tellement des choses qu'il n'avait pas encore faites, et une chose qu'il réalisa qu'il pouvait faire comme si personne d'autre ne cuisinait le meilleur poulet que personne n'avait jamais goûté. Il emprunta 87 dollars pour acheter une friteuse et les ingrédients de la recette. Il fit sa recette unique de poulet frite en essayant de vendre de porte-à-porte à ses voisins du Kentucky, ainsi que de le concéder sous licence à un restaurant. Il a été rejeté 1009 fois dans le restaurant où il a essayé de concéder sa recette. A 1010th fois, le restaurant lui accorda la chance pour que KFC soit né. À 88 ans, le colonel Sanders est devenu un milliardaire et KFC est le deuxième plus grand empire alimentaire. KFC compte maintenant plus de 20 000 emplacements dans 123 pays.

Si vous avez ce qu'il faut pour réussir dans le domaine de votre passion, n'abandonnez pas, ce n'est jamais trop tard pour rêver. Allez après vos rêves maintenant. Croyez en la qualité de ce que vous faites et en vous-même, peu importe combien de fois vous êtes rejeté. Faites la différence et améliorez la vie des gens. Vous pouvez avoir du succès alors soyez une personne qui dit peu importe ce qu'il faut je réaliserai mon rêve.

Il nous est donné d'entendre pendant des décennies les prédicateurs promettre des percées financières miraculeuses, mais sans enseigner comment transformer les idées en d'argent. D'autres églises prêchent sur des finances sans présenter les outils qui peuvent servir pour arriver au résultat escompté. Comme conséquence, les membres de l'Eglise sont découragés au point de perdre la confiance en Dieu. Sachez qu'aucune quantité d'huile d'onction peut miraculeusement générer de l'argent dans votre poche ou compte bancaire sans votre implication dans le processus de création.

Ayez une idée claire

Avant que Dieu ait créé l'univers, Il avait une idée claire de ce qu'Il voulait. Notre Dieu est un Dieu d'idées et Il nous a créés à son image; et Il a déposé en nous la capacité d'avoir des idées par voie de l'imagination. C'est la capacité de penser en termes d'images, de mots ou de choses. Une idée viable s’obtient après profonde réflexion sur ce qu’on veut faire. Les idées sont localisées dans l’invisible, mais elles deviennent réalité quand on commence à travailler dessus.

Définissez une image de ce que vous voulez que votre vie financière ressemble dans votre esprit. Cette étape nécessite de la minutie et de l'effort, et si vous prenez du temps pour le faire correctement, vous aboutirez aune image nette de ce qui deviendra une réalité.

Ayez un plan d’action

Vous ne pouvez aller nulle part si vous ne pensez au préalable à la manière dont vous allez procéder. Pour ceux qui croient en Dieu, ils commencent par croire en Dieu avant de s’engager. La foi est la capacité de voir l'invisible en détail et de lui donner de la substance. La seule façon de donner la substance invisible est de les écrire. La capacité de documenter le futur est la foi et de capturer ce qui n'est pas vu est la planification. Dieu est un Dieu de la planification. La foi et le plan vont ensemble.

Dans la plupart des cas, pour convaincre les futurs partenaires financiers (que ce soient des banques, des institutions ou des investisseurs individuels), vos beaux yeux ne suffiront pas. Il faudra leur donner un maximum d'éléments pour prouver que votre idée a de l'avenir, et que votre entreprise a un vrai potentiel. Pour cela, la méthode la plus utilisée est la rédaction d'un business plan. (Etude du marché, de la concurrence, stratégie de l'entreprise, force de l'équipe, prévisions financières).

Le business plan est un document qui peut sembler très formel et complexe à réaliser. On entend parfois qu'il ne sert à rien, puisque de toute manière la réalité sera différente des prévisions. Il y a un peu de vrai là-dedans, mais au-delà du document, c'est toute la réflexion nécessaire à sa rédaction qui compte. Un investisseur va autant juger la forme que le contenu. La qualité de ce document va être une indication du sérieux de l'entrepreneur, et de sa capacité à faire vivre ce beau projet. De plus, un business plan ne va pas servir qu'aux investisseurs: rédiger ce document va vous permettre de réfléchir en profondeur sur votre projet, ce qui est indispensable pour bien vous lancer. Ça y est, vous avez un projet visionnaire, un business plan en bêton, des arguments bien rôdés, vous êtes prêt à partir à la chasse aux financements. Mais par où commencer?

- La foi c'est: - Croire aux promesses de Dieu
- La Conviction sur l'avenir.
- La certitude de ce que nous ne voyons pas.

La foi exige un plan, vous n'êtes pas sérieux au sujet de changer votre vie financière jusqu'à ce que vous ayez un plan. La plupart des chrétiens vivent juste selon ce qui est présenté devant eux. Une chose à propos de Dieu est qu'il ne planifie pas pour vous, mais il a un plan pour vous. La planification est l'expression la plus élevée de la foi. Si Dieu vous dit de faire quelque chose et vous ne le documentez pas, cela signifie que vous ne le croyez pas. Si vous croyez quelque chose alors vous devez planifier pour cela.

La planification est:

- La plus haute expression de la foi
- L'acte de capturer la volonté de Dieu pour votre vie
- Donne la définition de la foi
- Tire les promesses de l'éternité dans le temps
- Documenter la vision: la grandeur de votre vision ne m'impressionne pas tant que vous ne m'avez pas montré un plan.

Sans plan, la vie n'a pas de définition et sans plan la vie n'a pas de sens. Sans plan, il n'y a pas de contrôle des objectifs. Beaucoup de projets ne se réalisent pas parce que les gens ne suivent pas les soustravaux, ou planifier conduit directement à l'échec. Dieu est un Maître planificateur, Il a planifié la rédemption, Il l'a documentée dans la Bible, Il a élaboré son plan, Il a envoyé son Fils Jésus. JésusChrist a été annoncé pour cinq mille ans.

Si votre plan échoue, imitez simplement Dieu. Le diable a voulu déformer le plan de Dieu pour l'homme dans le jardin d'Eden, mais Dieu l'a déjoué en recourant à un nouveau plan de rédemption. Lorsque votre plan échoue, faites-en un nouveau. Dieu ne peut pas changer son but, mais Il peut changer ses plans. Dieu n'a pas paniqué quand l'homme est tombé; Il a juste continué avec un autre plan car Dieu n'a jamais échoué. Lorsque votre plan ne marche pas cela ne signifie pas nécessairement que vous n'êtes pas dans la volonté de Dieu. Si vous maintenez votre objectif clair, votre plan pourrait changer, n'ayez pas peur de changer votre plan, gardez simplement votre objectif et rendez-le permanent. L'échec est une opportunité de planifier à nouveau, vous perdez seulement quand vous abandonnez. Luc 14: 27-33 nous révèle que, pour faire quelque chose de grand dans la vie, vous devez d'abord vous asseoir et planifier. La plupart des gens ne s'assoient pas pour planifier leur financement, par exemple voir l'état de leurs affaires dans dix ans; comment voulezvous que vos finances ressemblent, ne pas vivre la vie juste selon l'argent dans votre main.

Dans les versets 29 d'Ephésiens 1, Jésus dit que si vous avez besoin de construire une maison, vous avez besoin de:

1. Vous asseoir et planifier
2. Estimer: quoi et comment le faire
3. Planifier d'abandonner tout pour votre plan, soyez prêt à mourir pour votre plan
4. Travailler votre plan

Genèse 11 :16 nous parle de la tour de Babel, c'est là où la planification est mentionnée pour la première fois. Ces gens ont planifié et Dieu s'est senti concerné. Lorsque vous planifiez, Dieu participera à votre plan. Joseph avait un plan pour Pharaon, c'est pourquoi il a été promu. (Genèse 41: 37) Si vous voulez une promotion de votre travail, faites un plan qui stimulera votre entreprise. Nous vous garantissons que votre patron portera son attention sur vous.

Un planificateur est un visionnaire, un visionnaire est une personne motivée. Dieu a donné à Moïse un plan pour la construction du tabernacle. (Genèse 26: 20) Mais Dieu n'a pas donné un tabernacle à Moïse. Vous devez travailler votre plan pour sa matérialisation. Dieu ne fait pas que votre désir réussisse mais plutôt votre plan (Psaume 20: 4) Un plan est un désir documenté. Lorsque vous planifiez clairement, vous attirerez les bonnes personnes et ressources. (Proverbes 16: 1) Ceci est l'instruction de Dieu pour vous. Dieu a dit, mettez le plan sur le papier c'est votre responsabilité, l'homme planifie et Dieu dirige les étapes du plan. Si vous n'avez aucun plan, Dieu n'a rien à diriger.

Commencez à faire un plan pour les finances aujourd'hui pour les dix ou quinze prochaines années, travaillez dur pour cela et vous verrez que votre vie financière va commencer à changer.

Soyez une personne motivée par soi-même

La plupart de riches qui ont réussi financièrement ne le sont devenus au premier coup; ils ont échoué à plusieurs reprises. Par exemple, le fondateur du KFC, le colonel Sanders, a échoué 1009 fois à licencier son restaurant. Thomas Edison, qui a inventé l'ampoule, aurait échoué 990 fois avant de réussir.

Encouragez-vous en demandant conseil à ceux qui ont réussi ce que vous essayez de faire. S'il n'y a pas de personne ingénieuse, vous pouvez vous motiver en écoutant et en lisant des articles de motivation et des histoires de réussite. Faites aussi attention aux personnes qui vous entourent. Ce n'est pas le moment pour vous d'être entouré de tueurs de rêves, mais plutôt de vous entourer de gens positifs qui croient en ce que vous faites et qui soutiennent votre vision. Plus important encore, croyez que le Seigneur qui vous a donné la vision vous permettra de l'accomplir. Armez-vous de foi en méditant sur la parole de Dieu qui parle de persévérance et de courage.

Développez une mentalité à long terme

Les riches sont ceux qui regardent les choses à long terme plutôt qu'à court terme. Les gens au bas de la société ont tendance à se concentrer uniquement sur l'effet immédiat à court terme. En conséquence, ils passent la majorité de leur temps et de leur argent à se détendre, à s'amuser et à ne penser qu'à ce qu'ils ressentent dans le moment présent. Nous ne disons pas que vous ne devriez pas vous amuser, mais en s'amusant, vous devez penser à long terme et avoir un équilibre dans la vie.

Les gens qui réussissent pensent à un projet à long terme et les gens qui ne réussissent pas pensent à un projet à court terme. Les gens qui réussissent considèrent comment leurs actions affecteront le type de résultats qu'ils obtiendront dans le futur, et ils s'assurent que leurs activités quotidiennes leur donneront le meilleur retour sur leur investissement en temps. En d'autres termes, plutôt que d'utiliser sur la satisfaction de leurs besoins et désirs à court terme, les gens qui réussissent ont tendance à penser à long terme et sont capables de résister à la tentation de céder à la gratification immédiate.

Pensez à l'avance

C'est quand une personne commence à penser à des choses dans une perspective à long terme qu'elle commence à penser comment les réaliser qu'elle finira par le faire. Mon défunt Père me le disait, mon fils pense toujours à l'avenir, ce qui veut dire qu'il parlait d'une mentalité à long terme.

Les riches pensent à long terme quand il s'agit de leur vie financière afin qu'ils fassent des choix, puis décider si suivre une ligne de conduite particulière les aidera à atteindre leur objectif. En conséquence, ils finissent par le faire en faisant très attention avec leur argent et en ne le dépensant qu'en cas de nécessité absolue.

Le succès financier vient de la réflexion sur les conséquences de vos actions, puis le choix du chemin qui vous mènera au résultat souhaité. Beaucoup de gens luttent financièrement et s'endettent lourdement à cause du manque de réflexion sur le long terme. Ces gens ne pensent qu'au moment présent et s'engagent ainsi dans des comportements financiers qui sont pratiquement garantis pour s'assurer qu'ils passent le reste de leur vie pauvres et endettés. Par exemple, au lieu d'épargner leur argent ou de l'investir pour qu'ils puissent avoir une sécurité financière plus tard, ils dépensent tout l'argent qu'ils gagnent en produits qu'ils voient à la télévision et dans les magazines. À la suite de ces folles dépenses, il est courant de les voir vivre dans la pauvreté et d'accumuler d'énormes dettes, en carte de crédit.

Un boxeur américain gagna environ 200 millions de dollars quand il avait seize ans. A l'âge de 34 ans, il devint pauvre, en raison de ses habitudes de dépenses et ne pensait pas à une vie à long terme. Il y a beaucoup d'histoires de gens qui ont fait des millions de dollars mais qui, aujourd'hui, sont devenus pauvres. Gagner de l'argent est une chose, le garder c'est une autre.

Ne pensez pas que l'argent que vous gagnez aujourd'hui restera toujours, les circonstances peuvent changer, alors saisissez l'opportunité d'aujourd'hui et profitez-en. Si vous gagnez beaucoup d'argent aujourd'hui, disciplinez-vous pour réfléchir à une perspective à long terme. Ne pas penser à l'avenir peut entraîner des conséquences indésirables. Quand vient le temps de prendre sa retraite, ces gros dépensiers doivent alors compter sur une pension gouvernementale ou sur d'autres personnes simplement pour survivre, car ils n'ont que peu ou pas d'économies pour subvenir à leurs besoins.

Penser les choses dans une perspective à long terme n'est pas toujours facile, car il est très tentant de vivre pour aujourd'hui et de s'amuser maintenant. Malheureusement, comme vous l'avez déjà vu, cela a un prix très élevé. Dans un précédent pour vous faire réfléchir sur les choses dans une perspective à long terme, vous devez développer la capacité de faire ce que vous savez que vous devriez faire, que vous le vouliez ou non. C'est ce qu'on appelle l'autodisciplinée, et le degré auquel vous êtes capable de vous discipliner tout au long de votre vie déterminera en grande partie le niveau de la réussite financière que vous obtiendrez.

Nous proposons que l'argent que vous gagnez soit séparé en quatre comptes bancaires distincts comme suit:

1. Le compte d'épargne
2. Le compte d'investissement
3. Le compte de dépenses
4. Le compte de libéralité.

Le Compte d'épargne

Votre argent vous protège contre les perturbations inattendues de votre principale source de revenus. L'objectif d'économiser votre argent est de vous protéger contre les pertes de revenus soudaines ou imprévues. Parfois, vous pouvez faire face à des circonstances hors de votre contrôle qui peuvent mal tourner. Les gens perdent leur emploi, leur santé, leur relations. L'économie peut se dégrader, les entreprises peuvent faire faillite. Les circonstances peuvent changer à mesure que la vie est remplie de changements inattendus. L'argent est la sécurité, l'argent est la protection et l'argent résoudra beaucoup de problèmes inattendus. Les choses se passent mais il existe un moyen de vous protéger financièrement des incertitudes de la vie, en vous entourant d'un coussin d'argent. Vous n'avez donc pas besoin de vous inquiéter du changement, mais vous devez être prêt pour le changement. Et la meilleure façon de vous préparer au changement est de garder ce que vous gagnez maintenant. Vous devriez donc décider d'avoir au moins six à douze mois de revenus économisé avant de revenir à votre revenu normale. La question n'est pas combien d'argent vous gagnez mais combien vous avez économisé, décidez maintenant que vous pouvez vivre un peu moins et commencer à économiser aujourd'hui.

Le Compte d'investissement: pour maximiser le rendement de leur argent, les gens qui réussissent financièrement investissent dans des choses qui permettent à leur argent de croître à un rythme plus rapide. Une des façons d'assurer votre sécurité financière et votre liberté financière, c'est de continuer à travailler pour de l'argent jusqu'à ce que vos investissements vous paient plus que ce que votre travail vous rapporte. Après avoir atteint le seuil, vous pouvez alors prendre votre retraite, car vous aurez assez d'argent pour vivre le reste de votre vie sans jamais avoir à travailler à nouveau.

Le Compte de dépenses

C'est le compte que vous utilisez pour toutes vos dépenses, en mettant tout dans l'ordre. N'utilisez pas le compte d'épargne comme un compte de dépenses sinon vous ne garderez rien. C'est le seul compte bancaire que vous pouvez porter dans votre porte-monnaie, mais les autres comptes ne les portent pas dans le portefeuille, laissez-les toujours à la maison pour éviter de les utiliser. Rappelezvous chaque argent que vous avez entre les mains, vous détenez le pouvoir de choisir votre avenir pour être financièrement stable ou financièrement instable. Vos habitudes de dépenses et votre gérance d'argent reflètent qui vous êtes.

Le Compte de libéralité

Lorsque vous envisagez d'économiser et d'investir de l'argent, n'oubliez pas de donner aux autres. Soyez prêt à soutenir une bonne cause dans votre église ou votre communauté, cela vous fera vous sentir bien et accomplir quelque chose de bien. Nous en parlerons plus dans le prochain chapitre.

CHAPITRE IV
Les Causes de la Pauvreté chez les Africains et leur remède

Pourquoi avons-nous circonscrit notre champ de recherche aux seuls africains? Par souci de parler des choses que nous nous connaissons et que nous vivons.

L'idée que les africains se font lorsqu'ils quittent leurs pays pour les pays développés, c'est de croire qu'une fois qu'ils sont à l'étranger, en Occident, la vie financière change automatiquement. C'est le cas des africains qui paient de leurs vies en traversant l'océan afin d'atteindre l'Occident. Des milliers ont laissé leur peau en cherchant à atteindre l'Europe ou l'Amérique par eau. Ils viennent avec l'espoir de mener une vie meilleure. Cependant, avec le temps, ils réalisent que l'Europe ou l'Amérique ne sont pas le paradis. Certains Africains recourent même aux moyens mystiques afin d'atteindre leurs objectifs.

Il nous est arrivé de suivre le documentaire sur la façon dont les Africains meurent dans l'océan en cherchant d'atteindre l'Europe à la recherche d'une vie meilleure. Certes, il y a beaucoup d'opportunités en Europe et en Amérique qu'en Afrique, mais dès qu'ils marchent sur la terre européenne, ils ne savent pas tirer profit de ces opportunités. D'autres viennent en Occident sans aucune ambition d'affaires mais pour la survie.

Devons-nous croiser les bras et les laisser vivre dans cette innocence ou les réveiller pour qu'ils profitent de ces opportunités? Comme on ne peut pas guérir une maladie sans en connaître la cause, notre démarche a été d'inventorier les causes de la pauvreté parmi les africains. Sans doute que nos conclusions seront beaucoup plus sociologiques.

De nos observations, nous avons inventorié les raisons pour lesquelles la plupart des Africains en Europe et en Amérique manquent d'argent comme suit:

Les Dépenses au-dessus des entrées

Monsieur Makengo qui est d'origine congolaise vit à Londres depuis 10 ans. Il travaille chez Tesco pour un salaire mensuel de £ 1500.00. Il contracte un prêt à la banque de £ 15.000.00 pour achat d'une voiture de luxe par exemple et le remboursement mensuel est de £ 300.00. Il doit payer les factures et le loyer pour la maison de l'ordre de £ 1000.00. Il lui reste £ 200.00 pour survivre. Dans l'entretemps, il doit s'habiller et se détendre comme les jeunes de son âge. Ayant une voiture de luxe, il cherche à équiper sa maison avec les mobiliers de luxe.

Conduire une voiture de luxe n'est pas mauvais. Mais quelles sont les motivations? Et combien avez-vous dans votre compte? Il y'a des gens qui conduisent des voitures coûteuses sans argent dans leur banque. Certains n'ont même pas d'argent pour mettre du carburant dans ces voitures. Ils ne roulent que le week-end faute d'argent. Certains ne peuvent même pas se permettre d'assurer leurs voitures, certains veulent conduire une voiture chère pour se faire valoir mais en réalité ils sont fauchés. C'est une mentalité des pauvres et un complexe d'infériorité.

Que faire? Il va contracter des dettes auprès de ses amis d'un montant de £ 6000.00 à repayer avec intérêt de 30 % pour 12 mois en raison de £ 550.00 par mois. Les dépenses mensuelles se chiffreraient à £ 300.00 + £ 1000.00 + £ 200.00+£ 550.00, soit un total de £ 2050.00. Soit un excèdent de 550.00.

En l'approchant de près, sa garde-robe est garnie des habits de luxe qui lui prennent le double de salaire chacun. Il doit contracter d'autres dettes afin de satisfaire ses besoins vestimentaires de luxe en s'habillant des vêtements coûteux, comme si leur vie dépendait uniquement de leurs vêtements. Il aime porter des vêtements de marque Gucci, versus, Dolce et Gabanna etc.

C'est la vie de son groupe qui l'incite à être vu dans des restaurants de luxe et autres lieux publics.

Cette illustration démontre que Makengo vit au-dessus de ses moyens. Comment va-t-il faire pour honorer tous ses engagements s'il doit se limiter à son seul salaire? Malgré cette apparence, Makengo vit dans la pauvreté qui se cache derrière des endettements et sans moindre épargne.

Voyons maintenant la nature de ses avoirs: voiture de luxe et vêtements. Ces deux se déprécient rapidement et ne peuvent lui permettre de répondre à un besoin en cas d'urgence. Les vêtements perdent toujours de la valeur au fil de temps.

Les fêtes coûteuses et multiples

Dépenser beaucoup d'argent pour la fête de mariage et d'anniversaire: la plupart des Africains dépensent beaucoup d'argent dans des fêtes de mariage, ou d'anniversaire de mariage. Louer les salles de réception de luxe, inviter les traiteurs, bien décorer les salles; anniversaires des enfants.

Aujourd'hui, les choses ont changé et les deuils ont pris la même allure: le luxe lorsqu'on a perdu un membre de famille qui Après ces fêtes et cérémonies, on sort endetté jusqu'aux dents et les créanciers commencent des menaces qui peuvent conduire à des poursuites judiciaires.

Il a été relevé que la plupart qui se tiennent au luxe lors des cérémonies de mariage prennent entre 5 et 10 ans pour repayer les dettes. Un jour de fête qui vous coute 10 ans de remboursement! Allez y comprendre.

Alors que le mariage devrait être le meilleur moment de votre vie commune, mais les deux conjoints sont stressés au point que s'ils n'y prennent pas garde, ils en font un sujet de divorce. C'est le cas de Monsieur Ngoyi qui avait contracté un prêt de £ 12.500 dollars pour l'organisation de leur mariage. Il s'est engagé à repayer cet argent en raison de £ 400.00 par mois sans compter d'autres factures mensuelles de leur ménage. Ils doivent serrer la ceinture durant cette période de remboursement. Cette situation génère de stress dans le couple qui ouvre un conflit dans la mesure où l'homme qui s'était engagé devrait honorer ses engagements au détriment de sa femme. Quelques mois après, ils doivent organiser la fête d'anniversaire à tour de rôle: homme, femme et enfants. Et c'est cela la vie de plusieurs.

Le Manque d'épargne

Les Africains ne connaissent pas les principes de l'épargne de l'argent. Lorsqu'on se trouve en Europe ou Amérique, l'on doit s'attendre au paiement de multiples factures telles que la télévision, l'assurance auto, l'assurance habitation, les tickets de parking, etc. Dans les deux exemples que nous avons évoqués ci-haut, Makengo et Ngoyi se mettaient eux-mêmes en danger à tel point qu'ils ne pouvaient pas penser à l'épargne. L'épargne devrait être la différence entre les entrées et les sorties car il est illogique d'épargner pendant que vous avez des dettes à payer. Payez d'abord des dettes avant d'économiser. Il y a un proverbe qui dit que celui qui paie ses dettes s'enrichit. Cependant si les entrées sont supérieures aux sorties, pensez directement à soustraire un pourcentage de vos avoirs pour l'épargne.

Nous avons longuement parlé de l'épargne dans le point précèdent et avons prodigué des conseils à ce sujet. 'ai parlé de ce principe dans le chapitre précédent. En tant qu'enfants de Dieu, mettez à côté les offrandes et dîme. Nous racontons ici l'expérience personnelle que nous avons vécue en investissant sans épargne. Nous pouvons dire qu'il s'agissait d'une erreur car nous manquions la connaissance. Nous disposions d'un montant d'environ vingt mille dollars que nous avions investi dans une entreprise dont nous ne connaissons ni les tenants ni les aboutissants en nous confiant à un membre de la famille qui, lui aussi ne savait rien de l'affaire. Les choses se traitaient seulement par communications téléphoniques sans contacts personnels. Nous n'étions aucune fois descendu sur terrain pour nous rendre compte de la réalité. Tout était perdu et sans moindre épargne. Nous étions tentés d'accuser le diable alors que nous étions nousmêmes responsable de la situation du fait que nous n'avions pas pris les choses au sérieux. Nous pensions que Dieu n'était pas dans notre entreprise, nous avions commencé à nous blâmer, à blâmer les gens, le diable, même Dieu pour l'échec de cette entreprise.

Il nous a fallu acquérir les connaissances sur les principes d'investissement quelques années pour nous rendre compte qu'il n'était pas la main du diable que nous accusions gratuitement, mais de l'ignorance. Les saintes écritures disent que mon peuple périt faute de connaissances. Aussi, Lorsque vous investissez, n'investissez pas tout votre argent, investissez-en et gardez de l'argent en réserve, car investir est un risque, vous pouvez gagner ou perdre. Si vous gagnez, gloire Dieu, mais si vous avez perdu, votre argent de secours vous aidera à vous remettre sur pied et à investir à nouveau.

Les charges extra familiales

Chaque africain vivant à l'étranger nourrit plusieurs bouches vivant en Afrique. Il est confronté à des demandes intempestives de l'aide financière pendant qu'ils sont incapables de répondre à leurs propres besoins. Il paie les études des frères, sœurs, nièces, neveux, il paie le loyer, les soins médicaux.

Comme conséquence, ils sacrifient leurs propres familles. Les enfants sont abandonnés au profit de leurs membres de famille. Certains enfants qui se révoltent embrassent le travail très jeunes afin de se suffire pendant que les parents pris en bouc-émissaires doivent penser à l'Afrique. Aider les familles en Afrique n'est pas une mauvaise chose, mais faites-le après avoir satisfait les besoins de votre propre famille. Beaucoup de mariages ont été cassés à cause de ce phénomène d'aide à l'Afrique. Et pourtant certains de ceux qui demandent vivent mieux que vous.

Ayez le courage de dire la vérité et ne pas vous sacrifier ou sacrifier votre famille afin de plaire aux demandeurs éternels. Prenez soin d'abord de vous et de votre famille avant de résoudre les problèmes des autres. Beaucoup d'Africains sont les boucs émissaires de leur famille

La plupart de fois, ceux qui vous demandent sont les premiers à se moquer de vos services qu'ils n'apprécient absolument pas. Sachez équilibrer les choses sinon vous risquerez de vieillir sans n'avoir rien épargné. Soutenez votre famille en Afrique financièrement mais avec sagesse, ne soyez pas leur bouc émissaires

La Vie de dettes et prêts divers

Quelle est la position de la Bible au sujet de l'endettement?

la réponse, nous la trouvons dans le livre de Deutéronome cidessous:

L'Eternel ouvrira pour vous son bon trésor céleste pour donner en temps voulu la pluie nécessaire aux terres et pour bénir tout travail que vous accomplirez. Vous prêterez à de nombreux peuples et vous n'aurez vous-mêmes pas besoin d'emprunter. (Deutéronome 28 :12)

Ce verset en sa partie 12 b est clair: « Vous prêterez à de nombreux peuples et vous n'aurez vous-mêmes pas besoin d'emprunter. »

Les dettes comme vous pouvez le voir est un des agents de la pauvreté. Elles sont signe de la rébellion aux commandements de Dieu: vous n'aurez vous-même pas besoin d'emprunter. Donnezvous cette discipline de ne pas vous rendre ridicule devant les créanciers. Telle est notre attitude. La vie de dettes est un signe extérieur de la pauvreté. Cette vie

crée plus d'ennuis dans la vie de plusieurs. Les relations se sont détruites à cause des dettes non payées et les gens se sont trouvés devant les instances judicaires et obligés de repayer avec intérêts ou pénalités pour avoir manqué d'honorer leurs engagements financiers. Certains ont pu changer des villes et même de pays à cause des dettes non payées. Si vous n'abandonnez pas la vie de dettes, vous ne seriez jamais financièrement libre et vous vivrez une vie stressante. Certaines personnes se sont suicidées à cause de dettes parce qu'il n'y a pas moyen de rembourser, quelle tragédie. Une dame avait prêté une somme d'environ quatre mille dollars à une personne qui ne pouvait pas repayer. Comme pour effacer ses traces, cette personne ne répondait plus aux coups de téléphone, elle se cachait dans sa maison et n'ouvrait que lorsqu'elle était sûre de la personne qui la visitait. Les dettes appauvrissent et rendent esclaves. La Bible reprend l'histoire d'un homme de Dieu qui est mort et a laissé des dettes impayées. Le créancier se rendit à sa maison et menaça de prendre en esclavage la femme et les enfants jusqu'à ce qu'ils aient payé les dettes. Pouvez-vous imaginer que vos enfants soient emmenés en esclavage après votre mort en raison de dettes. Les organisations financières font des affaires qu'elles mettent à la disposition des gens avec des intérêts exorbitants. Vous ne vous rendrez pas compte que vous

vous êtes mis la courte au cou. Avoir plusieurs cartes de crédit n'est pas un luxe, mais plutôt un signe d'esclavage financier. Et c'est malheureusement, la vie de plusieurs africains vivant en Occident. Beaucoup d'Africains vivent sur des cartes de crédit, presque tout ce qu'ils possèdent est acquis par crédit carte, la maison, la voiture, les chaises, la télévision et les vêtements. Evitez les cartes de crédit parce que les pourcentages sont

toujours élevés, et au nombre de cartes, est égal le nombre d'ennuis financiers. Pouvez-vous imaginer si vous avez quatre cartes de crédit différentes et vous avez utilisé environ trois mille dollars dans chaque carte de crédit, vous serez lié à la pauvreté. Saviez-vous que si vous possédez trois mille dollars en deux ou trois cartes crédit et que vous faites seulement le paiement mensuel minimum, il vous faudra plus de huit ans pour le rembourser. A titre d'illustration, l'achat de la voiture à crédit n'est pas une bonne affaire car sa valeur se déprécie du jour au jour. Il a été trouvé qu'" une nouvelle voiture perd près de 25% du prix que vous payez au moment où vous le sortez du magasin". Souffrez aujourd'hui pour jouir demain que de jouir aujourd'hui et souffrir demain.

Comment contourner alors ces gangrènes financières?

Porter la Semence de la Connaissance

La connaissance est une graine qui grandit et éclate pour produire des semences. Les gens qui réussissent se concentrent sur la croissance personnelle. Celle-ci prend du temps, tout comme une graine dans le sol prend le temps. Il en est de même de la croissance personnelle. Une graine prend du temps pour pousser jusqu'à l'arbre et porter des fruits. Raison pour laquelle vous avez besoin d'investir sur vos connaissances.

La Bible dit: mon peuple périt faute de connaissances. Ceux qui réussissent dépensent plus d'argent et de temps à investir dans leur connaissance. Si vous voulez réussir dans n'importe quel domaine de votre vie, vous devez vous inspirer des personnes qui ont réussi dans le domaine que vous voulez exploiter. Si vous n'avez pas de connaissances sur un sujet donné, vous pouvez l'emprunter en lisant ou en scrutant des personnes qui ont réussi dans ce domaine. Vous devez prendre l'habitude de lire des livres parce qu'ils contiennent beaucoup d'informations dont vous avez besoin pour améliorer votre vie.

Il est difficile d'évaluer les connaissances que vous obtenez de quelqu'un parce vous ne savez pas des années qu'il a passées à mettre toutes les informations nécessaires. Vous pouvez acheter un livre pour dix dollars, mais les informations que vous y trouverez peuvent vous aider à réussir dans votre vie. Par conséquent, lisez et relisez les livres qui contiennent les informations sur les domaines qui vous sont nécessaires à la mise en place de votre projet.

N'arrêtez pas de lire pour votre croissance personnelle. Le monde change rapidement; les écoles ne sont pas le seul endroit où acquérir des connaissances. Certaines personnes qui réussissent aujourd'hui n'ont pas de diplôme universitaire, mais elles ont passé leur temps à lire et à étudier d'autres personnes et aujourd'hui, elles peuvent récolter les fruits.

Notre vie financière a commencé à changer lorsque nous avons commencé à lire des livres sur les finances et avions acquis des informations que nous avions appliquées dans notre. Vous pouvez lire le livre entier et obtenir une seule information qui changera le cours de votre vie. En plus des livres, des séminaires et ateliers sont organisés et organisez-vous pour y prendre part. Nous avons connu un homme qui, par la seule participation à un séminaire de construction de richesse, a ajouté des millions de dollars dans son entreprise. Une seule information obtenue en lisant un livre ou en participant à un programme financier peut changer le cours de votre vie financière.

Le manque de connaissances est une cause de l'échec de plusieurs dans la gestion de leurs affaires. L'une des raisons est qu'ils pensent que l'apprentissage a pris fin avec l'école. L'apprentissage est un processus, plus vous vivez, plus vous apprenez. Continuez à apprendre jusqu'à votre mort. Le monde change rapidement, de nouvelles informations arrivent chaque jour et si vous vous en tenez aux connaissances que vous avez acquises il y a cinq ou dix ans, vous allez manquer le point et rester dépassé.

Les gens qui ajoutent des connaissances tous les jours à leur vie tôt ou tard seront en avance sur l'aventure de la vie. Faites de votre mieux tous les jours pour ajouter une nouvelle information que la plupart des gens n'ont pas. Lorsque vous avez des connaissances dans un domaine de la vie, les gens vont vous chercher. Abandonnez votre connaissance d'hier et allez en trouver une autre. Si vous êtes sérieux et que vous voulez que votre vie financière change, commencez à étudier les principes financiers. Plus vous occupez votre esprit avec la connaissance de l'argent, plus votre point de vue sur l'argent va commencer à s'améliorer. Etudiez l'argent et comment le gagner.

La plupart des chrétiens pensent que quand vous parlez ou que vous pensez à l'argent, vous êtes charnel comme si l'argent était mauvais. Il n'y a pas une telle chose que l'argent soit mauvais, l'argent est mauvais ou bon selon la façon dont vous le gérez. Vous ne pouvez pas faire un grand travail de Dieu sans argent. Plusieurs fois, les chrétiens sont limités et ne peuvent pas faire un grand travail pour Dieu en raison du manque d'argent.

Les Etapes de la vie

La vie peut être divisée en trois parties, et bien que chacune d'elles se déroule séquentiellement, elles peuvent se chevaucher et se chevauchent. Avoir une compréhension de ces étapes de la vie peut aider à la planification financière en vous donnant une attente réaliste de votre situation financière probable au cours de certaines périodes de votre vie.

Les Années d'apprentissage

Les années d'apprentissage constituent une voie du développement de votre capacité à gagner de l'argent. Les premières années de votre vie sont vos années d'apprentissage. Ce sont les années où vous allez à l'école pour obtenir une éducation afin que vous puissiez obtenir plus tard un emploi bien rémunéré. Cependant, toute personne qui souhaite sérieusement réussir financièrement devrait noter que l'apprentissage ne s'arrête pas à l'école, mais plutôt qu'il s'agit d'un processus continu qui s'étend sur toute la vie.

Les années de gagner

La vie active se situe entre 20 et 65 ans. Ce sont les années où vous avez la possibilité d'atteindre la liberté financière et d'économiser pour votre avenir. Après vos années d'apprentissage viennent vos années de gains. Après avoir reçu une éducation qui vous a permis d'obtenir un certain emploi, vous commencez à échanger votre temps et vos services contre de l'argent. Plus votre temps ou votre service est précieux, plus vous recevrez d'argent en échange d'eux. Vos années de revenu durent à peu près entre 20 et 65 ans, selon votre niveau de scolarité et le type de carrière que vous poursuivez.

Les années de retraite

Commencez déjà à préparer votre retraite pendant que vous êtes encore jeune et actif. Si vous le faites, vous aurez suffisamment d'argent pour subvenir à vos besoins. Sinon, vous allez demander de l'aide au Gouvernement pour ceux qui vivent dans le monde occidental et pour ceux qui vivent en Afrique, il n'y a pas de tels programmes, donc votre vie dépendra peut-être d'autres personnes et cela n’est pas bon.

La dernière étape de votre vie est votre retraite. À ce stade, votre objectif est d'avoir assez d'argent pour que vous puissiez passer le reste de vos jours à vous détendre sans avoir à travailler pour survivre. Avec une espérance de vie moyenne de près de 80 ans, l'une des meilleures choses que vous pouvez faire tout au long de votre vie professionnelle est de toujours épargner pour couvrir le temps de retraite.

Soyez conscient des étapes de la vie, car si vous ne le faites pas, vous risquez de prendre votre retraite avec peu ou pas d'argent pour subvenir à vos besoins; ce qui est déjà arrivé à beaucoup de personnes âgées qui en souffrent maintenant. Pour vous assurer que vous pouvez prendre votre retraite confortablement, faites un pas pour épargner et investir votre argent chaque fois que vous en avez l'occasion afin de vous protéger contre les risques financiers. Évitez cette erreur de penser que vos enfants prendront soin de vous quand nous serez retraité. Vous devez savoir que vos enfants ont leur propre vie, ne comptez pas sur eux sinon vous serez déçu. Les Africains aiment avoir beaucoup d'enfants afin de les aider à la retraite, comme si les enfants étaient leur investissement. Ne faites pas de vos enfants votre investissement.

Vous êtes une nouvelle génération, et préparez votre retraite. De 20 à 65 ans, vous avez quarante-cinq ans que vous devez exploiter pour travailler et rendre votre vie significative. Si vous ratez ces moments, ils ne reviendront jamais. S'il y a une chose dans la vie que nous ne pouvons pas récupérer, c'est le temps; votre temps a disparu pour toujours mais nous pouvons faire des changements dans le temps qui nous reste, alors profitez-en. Selon les statistiques, environ 70% des personnes n'ont peut-être pas épargné suffisamment pour leur retraite. A votre âge de retraite, voulez-vous un bon sommeil la nuit ou le stress du manque d'argent? Pensez au fait que peu de gens que vous connaissez sont à la retraite et vivent une vie plus heureuse et pensent à ceux qui ont pris leur retraite mais qui vivent dans la pauvreté, alors décidez comment vous voulez que votre vie ressemble à votre retraite.

Développez un multiple système de sources de revenus

Si vous voulez avoir de l'argent, vous devez développer un multi-système de revenus. Avoir une seule source de revenu, c'est vraiment difficile d'avoir de l'argent. Plus vous développez de sources de revenus, plus vous aurez beaucoup d'argent. Apprenez à investir dans de nombreuses entreprises comme vous le pouvez afin de créer plusieurs sources de revenus.

Tout en créant des multiples revenus, vous devez apprendre à vous concentrer comme un projecteur sur l'ensemble de l'image, tout le monde peut se concentrer sur une chose. Il faut une personne créative pour se concentrer sur la grande image et avoir toutes les parties qui travaillent ensemble. La création de multiples sources de revenus est de loin préférable à la seule source de revenu. Vous pouvez vous concentrer sur une entreprise en particulier; mais faites de votre mieux pour créer différentes branches. Comme le restaurant KFC, ils vendent le même produit dans toutes les succursales, mais ils ont de nombreuses succursales. Plusieurs sources de revenus vous feront beaucoup plus d'argent au fil du temps. Aussi, quand une ou deux entreprises ne marchent pas bien, les autres entreprises pourraient les couvrir; et vous n'aurez pas beaucoup de stress jusqu'à ce qu'elles se redressent. Comme un pêcheur, quand il a beaucoup de filets dans l'eau, il lui sera facile d'attraper plus de poissons que lorsqu'il n'a qu'un seul filet. Si vous n'avez qu'une seule source de revenu et que vous voulez commencer une autre source de revenu, assurez-vous que la nouvelle source soutient la première et que la première source peut soutenir la nouvelle jusqu'à ce qu'elles se soutiennent et se soutiennent mutuellement. Nous remarquons que lorsque la personne moyenne a une autre source de revenu, c'est habituellement un deuxième emploi. Nous ne parlons pas ici d'ajouter un autre emploi, mais nous voulons parler de posséder plusieurs entreprises.

Peut-être que vous avez entendu le dicton "travailler plus intelligemment, pas plus dur." Travailler pour un deuxième emploi ou plus où vous obtenez des salaires, c'est un travail difficile; mais travailler pour votre propre entreprise pour les bénéfices, c'est un travail plus intelligent. Une autre chose, l'être humain veut être en contrôle parce qu'il n'aime pas qu'on lui dise quoi faire tout le temps.

Si vous travaillez pour quelqu'un, il va en quelque sorte vous contrôler. La seule façon de contrôler votre vie lorsque vous possédez une entreprise est de travailler pour vous-même. Dans cette étape, personne ne contrôlera votre temps, votre énergie, votre capacité, même vos vacances. Si vous travaillez pour vous-même, vous pouvez partir en vacances quand vous voulez ou prendre une pause quand vous voulez. Les gens avec une mentalité riche atteignent le succès financier parce qu'ils travaillent dur au début pour construire leur richesse. Une fois leur richesse construite à un certain niveau, ils sont libres de faire ce qu'ils veulent quand ils le veulent.

Commencez une petite entreprise pour un début, vous devriez avoir une petite entreprise en plus de votre emploi. Vous pouvez diriger l'entreprise ou faire appel à une personne de confiance qui sait gérer une entreprise pendant que vous la supervisez, mais pour commencer, vous devez être impliqué à 100% dans votre entreprise. Créer un certain temps hors de votre travail actuel afin de démarrer une entreprise et l'exécuter. Jusqu'à ce que l'entreprise soit réglée et apporte plus d'argent pour couvrir une grande partie de vos dépenses, alors vous pouvez penser à quitter votre emploi. Ne quittez pas votre emploi actuel si vous n'êtes pas sûr que votre entreprise vous soutienne financièrement.

Vous devez aussi avoir la capacité de constituer une équipe capable de gérer votre entreprise mieux que de le faire par vousmême. Beaucoup de gens ont du mal à constituer une équipe capable de gérer leurs affaires car ils pensent qu'ils doivent tout faire eux-mêmes. Lorsque vous construisez une équipe, vous devez sélectionner des personnes qui connaissent cette entreprise particulière; travaillez toujours avec de meilleures personnes ou des personnes qui sont disposées à développer. Ne mélangez pas le sentiment avec les affaires, si quelqu'un ne peut pas gérer l'entreprise, mieux vaut le retirer dans votre équipe dès que possible. Le monde a plein de gens talentueux, choisissez-les ou développez-les.

Développez une compétence qui vous aidera à créer une équipe solide qui va amener les gens à bien travailler ensemble. Il s'agit d'un travail de longue haleine qui rapportera surement. Lorsque les membres de votre équipe s'embrassent et sont prêts à travailler côte à côte malgré leurs différences, alors vous avez réussi. Assignez la bonne personne à la bonne position non par favoritisme mais par mérite. Beaucoup d'entreprises échouent simplement parce qu'elles ont les mauvaises personnes dans les bonnes positions et les bonnes personnes dans les mauvaises positions. Il faut « l'homme qu'il faut à la place qu'il faut «. Pour obtenir une équipe de travail d'ensemble, vous devez développer une atmosphère d'amour et de confiance. La compétition entre une équipe est un mauvais signe, car il sera difficile de leur faire confiance et quand la confiance et l'amour ne sont pas là, l'équipe s'effondrera. Lorsque vous remarquez ce signe, n'hésitez pas à changer d'équipe ou de leur poste.

Avoir Un Mentor Financier

Un mentor c'est quelqu'un qui a accompli ce que vous n'avez pas accompli, quelqu'un qui a été là où vous n'avez jamais été, quelqu'un qui a vu ce que vous n'avez jamais vu. Je crois que tout le monde devrait avoir un mentor dans tous les domaines de sa vie. Vous pouvez avoir autant de mentors que possible pour votre finances, votre vie spirituelle, votre ministère, votre mariage, votre relation, etc. Chaque mentor vous aide à vous développer dans ce domaine, ne choisissez pas comme mentor quelqu'un qui a échoué et ne s'est jamais relevé.

Votre mentor devrait être quelqu'un qui a de l'expérience et qui a réussi dans le domaine financier. Chaque grand athlète a un mentor, pourquoi ne pas en avoir un si vous voulez en savoir plus sur la création de richesse. Allez trouver un mentor financier quelqu'un qui a réussi financièrement, prenez rendez-vous pour le voir ou amener le dans un restaurant. Demandez-lui des conseils sur les finances, si possible, offrez-lui des cadeaux; tout cela pour obtenir ce qu'il a. Les informations que vous recevrez de lui pourra vous ouvrir le yeux sur le finances.

Avoir le Cerveau Financier

Si vous voulez développer votre cerveau financièrement, vous avez besoin de quatre compétences techniques principales suivantes:

1. Intelligence financière: La capacité de comprendre comment fonctionne l'argent
2. Stratégies d'investissement: comment gagner plus d'argent avec peu d'argent
3. Le marché: la science de l'offre et du demande
4. La loi: comment jouer dans les règles

L'Intelligence financière: certaines personnes ont de l'argent mais ne savent pas comment faire de l'argent pour elles, au lieu de travailler pour de l'argent. Avoir de l'argent ne garantit pas que vous serez en avance financièrement, donc si vous avez de l'argent, vous devez apprendre ou mieux encore vous devez employer des gens qui ont le cerveau financier pour vous aider à mettre en place un plan afin que votre argent travail pour vous.

Les Stratégies d'investissement: Nous avons vu et entendu de nombreuses expériences des personnes qui ont réussi de transformer le peu d'argent en millions. C'est le cas de Donald Trump qui avait reçu de son oncle un fonds de départ pour démarrer son entreprise et il réussit à transformer l'argent emprunté en milliards de dollars. Aujourd'hui, il est parmi les hommes les plus riches de la planète. Quand il s'agit d'investissement, vous devez étudier le terrain, ne pas simplement sauter et investir parce que quelqu'un l'a dit mais accomplissez vos devoirs avec soin.

Le marché: c'est la loi de l'offre et de la demande, on l'appelle ainsi depuis des décennies « demande et offre ». Notre argument est que vous ne pouvez pas offrir s'il n'y a pas de demande, la demande vient déclenche l'offre. Voici pourquoi beaucoup de gens échouent, parce qu'ils offrent ce qui n'est pas en demande sur le marché. N'entrez pas dans le jeu de fournir ce qui n'est pas en demande. Vous devez étudier le marché et identifier les besoins ou exigences.

Il arrive que des gens fournissent sur le marché ce qui n'est pas demandé et ils se demandent pourquoi leurs affaires n'avancent pas alors qu'ils sont chrétiens. Vous les verrez commencer à démasquer ou à trouver les bouc-émissaires parmi les membres de leurs familles, un oncle ou une tante au village qui les a envoutés ou ensorcelés. Et pourtant, il n'y a rien de tout cela. Ils accusent accusez à tort le diable avec ses démons alors que le problème se trouve ailleurs.

Fournissez au marché ce qui est demandé et ne fournissez pas au hasard. Le noir le plus riche de la planète terre pendant que nous écrivons est un nigérian du nom de Aliko Dangote. Cet homme est parti d'un prêt reçu de son oncle pour démarrer son entreprise. Il exploita ce que son oncle qui avait l'argent ne savait pas, c'est-à-dire la loi de l'offre et de la demande. Il étudia le marché et inventoria les besoins auxquels il devait répondre. C'est ce qui justifie sa renommée comme le noir le plus riche de la planète.

L'économie va toujours de haut en bas et offre des opportunités de vie, mais souvent nous ne parvenons pas à le reconnaître. Lorsque l'économie s'améliore, certaines personnes deviennent riches et d'autres pauvres, quand elles s'écroulent, certaines deviennent riches et d'autres deviennent pauvres. Apprenez à sauter sur les opportunités que le marché offre.

La Loi: vous devez savoir que, dans tout ce qui existe, il y a des règles à suivre, quand il s'agit d'argent, il y a aussi des règles à suivre. Si vous ne jouez pas sur les règles de l'argent alors vous êtes dans une zone dangereuse risquant de perdre votre argent. Lorsque vous investissez dans certaines entreprises, vous devez comprendre les règles, et lorsque vous investissez dans certains pays, vous devez connaître les règles et les réglementations des entreprises de ces pays car chaque pays a ses propres règles et réglementations concernant les entreprises. Pour bien opérer financièrement, effectuez des simples calculs et usez du bon sens, et vous vous débrouillerez très bien. La plupart des gens pensent que la richesse est faite pour certaines personnes, non, la richesse est pour tout le monde; il est question de comprendre comment le faire fonctionner pour vous.

Rappelez-vous toujours que vous êtes en mesure d'atteindre la richesse. Vous avez entendu l'histoire après l'histoire de personnes qui étaient au bas de l'échelle, mais par la simple compréhension de la façon de gagner de l'argent, ils se sont propulsés vers le haut de l'échelle. Pourquoi devriez-vous rester au bas de l'échelle? Ceux qui sont arrivés au sommet ne sont pas les extraterrestres humains, ils sont juste des êtres humains normaux comme vous. Refusez de rester au bas de l'échelle financièrement et décidez de frayer votre chemin, il est possible d'être financièrement au sommet de l'échelle. Principalement des opportunités financières ne sont pas vues avec vos yeux plutôt avec votre esprit, vous pouvez commencer à créer votre richesse par la puissance de votre esprit, former votre esprit avec l'éducation financière; puis vous commencerez à reconnaître des opportunités pour créer de la richesse juste devant vous. Vous voyez avec votre esprit ce que les autres voient avec leurs yeux physiques. La majorité des gens sont financièrement pauvres parce qu'ils voient avec leurs yeux et jamais avec leurs esprits.

Si vous pouvez voir les opportunités avec votre esprit, vous serez loin devant ceux qui ne voient qu'avec leurs yeux. Dans le jeu de la création de richesse, la plupart des gens ne commencent jamais parce qu'ils ont peur de perdre. Si vous étudiez attentivement, les humains sont conçus pour apprendre en faisant des erreurs. L'erreur est un bon enseignant et une erreur nous aide à voir la route dégagée. Dans le voyage de la création de la richesse, vous ferez beaucoup d'erreurs, mais pendant que vous les faites, vous serez formé à une meilleure personne avec une énorme connaissance. Apprenez de quelqu'un qui a fait beaucoup d'erreurs que quelqu'un qui ne les a pas faites. Les erreurs ne sont qu'une partie du processus de réussite; rappelez-vous que nous apprenons en tombant. Si un enfant ne tombe pas, il n'apprendra jamais à marcher, alors que l'enfant tombera de temps en temps jusqu'à ce qu'il marche un jour sans plus jamais tomber. N'abandonnez pas parce que vous avez essayé et êtes tombé, continuez à le faire mais avec sagesse jusqu'à ce que vous soyez capable de vous tenir droit. Les personnes qui évitent les échecs évitent également le succès. Si vous ne voulez pas perdre de l'argent, alors vous n'êtes pas prêt à être riche. Il y a toujours des risques, alors apprenez à gérer les risques au lieu de les éviter. Presque toutes les personnes que vous voyez aujourd'hui qui ont réussi financièrement ont échoué un jour.

Les échecs des riches sont couverts par leur succès alors que la peur aggrave la pauvreté des pauvres. La différence entre une personne riche et une personne pauvre apparaît dans la façon dont elles gèrent la peur de perdre. La peur est une barrière au succès financier. Il a été dit que "gagner signifie ne pas avoir peur de perdre". Donc, si vous voulez réussir financièrement, n'ayez pas peur de perdre de l'argent en affaires. La perte vous rend plus fort et plus intelligent. Faites des erreurs, corrigez-les et améliorez-vous. Quand

il s'agit de finance, les mots tels qu'erreur, obstacle, perte, risque, échec et impossible doivent être perçus dans une perspective différente que les autres. Quand ces mots sont présentés devant vous, voyez-les comme des occasions d'apprendre et de vous développer. Si vous les observez négativement, vous fermez votre cerveau, vous ne penserez pas au-delà. Quand il s'agit d'argent, si vous dites que vous ne pouvez pas vous permettre d'avoir du succès financièrement, alors vous vous asseyez dans votre cerveau, mais si vous dites: « comment je peux me permettre d'avoir du succès financièrement », vous ouvrez des possibilités pour votre cerveau. Il a été dit "ce que vous savez vous donne de l'argent, ce que vous ne savez pas vous fait perdre de l'argent".

Le monde est rempli de gens talentueux, intelligents et doués, qui, malheureusement, ne savent pas comment profiter de tout ce qu'ils ont en eux. Certaines personnes parlent bien, c'est un talent, vous pouvez lancer un talk-show et attirer l'attention des gens.

Oprah Winfrey est une reine de talk-show aujourd'hui parce qu'elle a su utiliser son talent bavard pour attirer l'attention des gens et aujourd'hui elle est milliardaire. Linda Ikeji, une bloggeuse nigériane, a su utiliser son talent pour mettre l'histoire d'autres personnes sur son blog, elle travaille depuis sa chambre avec seulement un ordinateur et aujourd'hui elle est millionnaire. Au Nigeria, quand les gens veulent que la publicité de leurs entreprises soit largement diffusée en ligne, ils s'adressent à Linda Ikeji afin de faire connaître leurs produits, elle les facture et gagne de l'argent. Ceux qui sont bons pour faire les cheveux, peuvent ouvrir un salon de coiffure? Certains sont bons en cuisine, pourquoi ne peuvent-ils pas commencer une restauration? Vous pouvez devenir financièrement efficace, exposez votre talent; ne le gardez pas en vous. Si vous voulez exposer votre talent et que vous avez peur, commencez par trouver un livre ou un coach en rapport avec ce que vous voulez réaliser, alors il sera plus facile de vaincre la peur de commencer. Votre talent est votre richesse mais il dort en vous et attend d'être appelé. Ne croyez pas en ce que votre culture vous a enseigné en croyant que si vous avez de l'argent, vous perdrez votre foi en Dieu, mais vous devez croire que si vous avez de l'argent, vous aurez une foi forte et servirez Dieu et votre communauté comme il se doit.

Développez l'entreprenariat /Salaire contre avoir son propre entreprise

L'un des moyens de surmonter les difficultés financières est de posséder votre propre entreprise. Selon une étude, les personnes les plus pauvres dans le monde sont celles qui ont un salaire et elles sont entourées des mendiants qui ramassent les miettes. Ces personnes vivent dans un cercle de pauvreté géré par trente jours. Le salarié ne peut jamais s'attendre à devenir riche car son salaire est minime pour répondre d'abord à ses propres besoins avant de penser à l'épargne. Vous devez établir votre propre entreprise. Vous pouvez commencer par un salaire, mais que cela ne soit pas la finalité.

Votre emploi actuel devrait être un point de départ temporaire en attendant que vous puissiez mettre en place votre propre entreprise. Un salaire est une solution à court terme dans un problème de durée de vie. Le salaire seul ne peut pas permettre de résoudre vos problèmes d'argent, vous devez avoir plusieurs sources de revenu afin d'équilibrer vos finances. Ne vivez pas la vie de pêche avec un seul filet; il y a beaucoup de poissons à attraper dans l'océan. Le salaire est une gestion temporaire de la pauvreté et non le remède. Seuls les propriétaires d'entreprises et les investisseurs sont guéris de la pauvreté, la plupart des investisseurs ne sont pas dans un cercle salarial. La plupart des gens qui sont mendiants aujourd'hui figurent parmi les salariés qui ont perdu leur emploi et se trouvent dépossédés de tout. Ils se lancent dans la rue pour quémander. Si vous demeurez salarié à vie, vous risquez de vous retrouver un jour dans la rue en train de mendier. Nous rencontrons des gens qui sont impayés pour une longue durée, mais par manque d'épargne sont devenus des mendiants. La mendicité est à la porte de toute personne qui vit dans l'insuffisance financière. Le paramètre qui peut vous permettre de juger votre niveau social c'est de calculer votre salaire annuel par deux mille heures pour savoir quelle est votre salaire horaire. Si vous n’avez pas dans votre compte au moins six mois à un an de votre salaire, vous êtes déjà fauché.

Compter sur le salaire c'est une attitude de dépendance qui asservit. Sortez de cette mentalité et pensez loin en mettant en place une activité supplémentaire. Si vous dépendez uniquement du salaire, faites de votre mieux pour créer une autre source de revenu afin d’éviter d’être coincé. Vous pouvez commencer avec un salaire, mais ne finissez pas votre vie salarié, pensez à finir par avoir votre propre entreprise. Votre valeur est mesurée par combien vous gagnez de votre travail. Vous ne pouvez pas augmenter en valeur à moins que vous appréciiez votre temps vous-même. La vie est la résultante des facteurs – temps -'effort et récompense. Pour être récompensé dans la vie, vous devez devenir plus précieux sur votre temps. La plupart des salariés finissent par s’user à court ou à long terme. Nous vous encourageons à être financièrement alerte, instruit, intellectuel et à ouvrir les yeux pour exploiter toute opportunité qui se présente dans votre vie et qui peut vous permettre de voir de nouveaux horizons.

Salaires contre profit/ Petites entreprises

Le salaire c’est l’argent que vous recevez du travail en fonction du temps passé au travail. Les profits sont le résultat de l'achat d'un produit à un prix et de le ventre à un prix plus élevé. Il n'y a pas de limite sur combien de profit vous pouvez faire, mais il y a une limite à combien vous gagnez du travail. La plupart des riches sont dans le secteur des ventes. Si vous dépendez du salaire pour votre revenu, votre revenu sera toujours limité. Si vous apprenez à gagner des bénéfices alors le ciel sera ouvert pour votre épanouissement financier. Celui qui gagne des bénéfices d'une vente peut devenir riche plutôt que celui qui compte sur un salaire ou des salaires du travail. Il a été trouvé que la plupart des gens qui gagnent beaucoup d'argent sont dans le secteur commercial. Certains ont grandi dans des milieux ou pour gagner sa vie l'on doit travailler et avoir son salaire qu'il devient difficile et même impossible pour eux de penser à avoir leurs propres entreprises. Savez-vous que lorsque vous êtes salarié, le Gouvernement contrôle le montant de vos impôts? Il prend près de 20% de vos grands revenus avant que l'argent entre votre banque. Avant même de voir votre argent durement gagné, le Gouvernement a déjà pris sa part. Lorsque vous travaillez pour les bénéfices, vous contrôlez combien vous payez en taxes et des impôts, et quand les payer.

Un monsieur qui travaillait pour une compagnie partit pour ses vacances pendant trois semaines. A son retour au travail, son employeur le soumit au comité de discipline pour avoir fait plus de jours qu'accordés. Il devait justifier pourquoi il est rentré en retard. Ayant fourni ses explications qui n'avaient pas du tout convaincu l'Employeur, il fut licencié sans préavis. Un salarié dépend des humeurs de l'employeur. Que se passerait-il si votre employeur décidait de rendre votre poste redondant ou de réduire de 30% votre salaire, que feriez-vous? Il est temps de penser à vous lancer dans les affaires car le risque que vous courrez en dépendant de votre patron est permanent et imprévisible

À partir d'aujourd'hui, Commencez-vous à penser à ce que vous pouvez faire pour vous-même en plus de votre travail, et progressivement sortez de la dépendance pour être votre propre patron, vous éviterez le stress. Lorsque vous travaillez pour les bénéfices, vous avez le potentiel d'augmenter considérablement votre revenu en peu de temps. Si vous voulez avoir de l'argent et être financièrement libre, vous devez apprendre à travailler pour le profit.

Remarquez que plus vous augmentez les heures supplémentaires de travail, plus les et autres charges augmentent. Ces taxes et impôts sont soutirés à la source avant que vous receviez votre salaire. Si vous vérifiez votre bulletin de paie, vous remarquerez que beaucoup d'argent est déduit de votre salaire. Après la déduction des taxes et impôts par le Gouvernement le reste de l'argent que vous recevez passe directement à des factures et dettes et vous vous retrouvez mains vides de fois deux jours après la paie.

Vous vous retrouvez avec deux patrons: Votre Employeur qui vous fixe les conditions de travail et le Gouvernement qui doit recevoir de votre Employeur les taxes et impôts directement. Pour illustration, votre employeur vous paie par exemple dix dollars par heure, ce qui signifie que votre valeur vaut dix dollars par heure. Ensuite, le Gouvernement vous impose le montant pour les impôts. Dans les deux cas, vous ne pouvez rien y faire, car ce sont eux qui vous contrôlent. Par contre, si vous travaillez pour vous-, personne ne vous impose ce que vous devriez faire. Pour cette raison, n'hésitez pas de développer l'esprit d'entreprise afin de vous établir financièrement, ne passez pas toute votre vie merveilleuse à travailler pour les gens car vous finirez mains bredouilles au moment de votre retraite. Si vous travaillez pour un employeur, vous donnez lui donnez le pouvoir sur vous et vos finances; mais si vous possédez une entreprise, vous gardez et contrôlez le pouvoir. Vous devez savoir que dans la vie vous deviendrez ce que vous pratiquez. Tout ce que vous pratiquez deviendra votre réalité, il n'y a pas d'échappatoire à cela. Si vous voulez changer votre réalité, changez votre pratique. Certaines personnes veulent que leur vie financière change, mais continuent à vivre de la même manière. Vous devez changer votre conception de choses et accepter le changement dans le sens de l'indépendance financière.

Faites un plan de Retraite

La planification de la retraite est donc un élément crucial dans nos vies, et nous devons y prêter une attention particulière. Avoir un plan de retraite signifie simplement que vous allouez des ressources financières pour votre retraite. Cela signifie mettre de l'argent de côté ou d'autres biens similaires dans le but de recueillir un revenu de vie une fois que vous avez dépassé l'âge de travailler. L'objectif principal de la retraite devrait être un moment pour profiter des avantages de votre travail acharné et des économies. Cependant, la retraite nécessite de la planification et de la préparation. En Genèse 30 :30 La Bible nous raconte une merveilleuse histoire de Jacob. Il est dit au verset 30: "Le peu que vous aviez avant que je vienne a beaucoup augmenté, et le Seigneur vous a béni partout où j'ai été. Mais maintenant, quand puis-je faire quelque chose pour ma propre maison". Jacob a vu que son avenir était incertain, et il a commencé à penser à sa retraite en épargnant pour sa retraite. D'après l'Écriture ci-dessus, Jacob avait peiné et investi dans les affaires de son beau-père pendant 21 ans. Quand il a commencé à travailler pour son beau-père, l'entreprise n'avait que peu d'atouts, mais après avoir sué pendant 21 ans, Jacob avait réalisé qu'il était temps pour lui de posséder sa propre entreprise. Pensez déjà à votre retraite et ne comptez pas saur les autres.

Nous vivons à une époque où beaucoup de gens sont capables de joindre les deux bouts de la planète. Les statistiques nous donnent une image extrêmement croissante des conséquences du manque de plan de retraite. Sur 100 personnes âgées de 20 ans, à l'âge de 60 ans, une seule réussira financièrement sa vie de retraite. 36 d'entre elles mourraient, et 54 d'entre eux seraient fauchées. Celles qui seraient fauchées dépendraient uniquement du Gouvernement particulièrement dans les pays développés qui ont le système social organisé en faveur de personnes démunies. Beaucoup vivraient à la merci de leurs familles et de amis pour leur survie.

Il est navrant que certaines personnes puissent travailler pour une entreprise pendant plus de 25 ans jusqu'à leur retraite, et le jour de la retraite, le seul remerciement qu'ils obtiennent est une salutation verbale les félicitant pour leur travail acharné, C'est une tragédie. Je crois que Jacob en a eu marre de travailler dur, mais n'a rien à montrer pour cela. On nous dit donc qu'il a décidé d'approcher son patron et de négocier les conditions de son salaire. En d'autres termes, il a essayé d'obtenir une augmentation de salaire, mais on nous dit que dix fois, il a été trompé par son patron. Nous trouvons aussi des écritures que Jacob était fatigué d'être confronté à des friandises constantes et la peur de perdre son emploi. Je crois que les expériences de Jacob ne sont pas différentes pour ceux d'entre nous.

Comme Jacob, beaucoup d'entre nous ont des raisons qui nous rendent assez inconfortables dans nos situations, que nous sommes maintenant prêts à envisager d'autres options. Nous allons au travail et voyons les mêmes vieux visages de gens qui nous tourmentent tous les jours.

Par manque de liberté de choix, certains t travaillent dans une entreprise qu’ils n’aiment pas, avec des gens qu’ils n’aiment pas, gagnent le salaire qu’ils n’aiment pas, ils vont aussi mourir d'une mort qu’ils n’aiment pas. Il est temps de dire no a une vie imposée par les mauvaises mentalités suicidaires. Ce n’est pas tard, refusez cette vie de misère et toquez à toutes les portes susceptibles d’apporter le changement dans vos finances.

Que vos rêves et des visions ne soient pas mis en suspens par peur de perdre le travail qu’on exerce actuel. Une question importante que vous devez vous poser est: allezvous prendre votre retraite riche ou fauché?

La meilleure retraite et la plus gratifiante est lorsque vous prenez votre retraite et reposez-vous complètement après plusieurs années de travail. La triste vérité est qu'il y a beaucoup de gens qui ont pris leur.

Développer un plan de retraite nécessite beaucoup de recherche et de concentration. Voici quelques considérations que vous devez prendre concernant votre plan de retraite:

1. Déterminez vos objectifs de retraite.
2. Considérez votre situation financière actuelle et future.
3. Commencez à élaborer un plan de retraite en fonction de l'information que vous avez recueillie.
4. Déterminez comment vous souhaitez recevoir votre revenu de retraite.
5. Habitudes de dépenses: vos habitudes de consommation ont un impact direct sur le montant que vous pouvez épargner pour votre retraite
6. Investissements: vous pouvez avoir besoin de l'aide d'un professionnel pour déterminer comment investir votre argent. Vous devez vous assurer que vous ne perdez pas d'argent sur l'un de vos investissements, et évitez également de faire de mauvais investissements à tout prix.
7. Familiarisez-vous avec le régime d'options de votre régime de retraite actuel des employeurs et découvrez ce qu'il adviendra de vos avantages après avoir quitté votre entreprise actuelle. Le plan de retraite ne doit pas écraser votre vie d'aujourd'hui. Ne sacrifiez votre vie actuelle à cause du futur. Réjouissez-vous aujourd'hui. Quand la saison de la retraite vient, embrassez-la comme une opportunité de chercher un nouveau

rôle dans le royaume de Dieu. Apprenez à équilibrer votre vie et à garder à l'esprit que ce que vous gagnez est pour aujourd'hui et pour votre avenir. Décidez-vous aujourd'hui que vous ne serez jamais dépendant financièrement du Gouvernement ou de votre famille afin de vivre une vie sans stress après votre retraite. Vous allez être l'une de ces personnes qui arrivent à faire ce qu'elles veulent faire quand elles veulent le faire.

Conseils aux Chrétiens Africains

Nous nous adressons d'abord aux églises africaines.

1. Stimulez les membres de vos églises à travailler et épargner pour la vie future. Les prédications et les enseignements doivent changer et devenir beaucoup plus pratiques que spirituels. Dans le livre de Genèse, l'Eternel bénit Adam et Eve et leur dit: multipliez, remplissez la terre et l'assujettissez. Et il est aussi que le travail procure l'abondance. Lorsque vous vous trouvez dans une situation telle que vous vivez dans la misère, cela n'est pas la volonté de Dieu. Trois verbes dans le plan de Dieu: Multipliez, remplissez la terre, et l'assujettissez.

2. Dieu opère les miracles pour ceux qui ont deux poissons et cinq pains. Les prédications sur le donner et miracles doivent au préalable être basés sur le travail personnel. Les prédications telles que donner et il vous sera donné doivent être actives et non passives; d'abord travailler. Les miracles financiers tels qu'ils s'opèrent aujourd'hui n'encouragent pas à l'effort de la personne. Nous voyons les « hommes de Dieu » prétendre prier pour les miracles financiers et la personne trouve des billets de banque dans ses poches.

3. Le message de la prospérité a été mal compris, c'est à dire aux membres de l'église que vous ne deviendrez prospère que lorsque vous sèmerez dans l'œuvre de Dieu au lieu de leur montrer à travailler dur. Cet état d'esprit de la prospérité instantanée a conduit à la génération de personnes qui ont soif de résultats immédiats de secours immédiat et de profits sans effort.

4. Donnez les messages qui permettent le développement global ou total de l'homme: spirituel, financier, matériel. Le message de l'Évangile ne devrait pas seulement se concentrer sur la dîme, les offrandes, les démons, des miracles et des percées. Les églises devraient arrêter de glorifier la recherche de richesses

miraculeuses, et cesser de mettre l'accent sur ce que les sorciers et le diable font ou feront. Elles doivent commencer à prêcher un message positif pour ajouter de la valeur à la communauté, comme le travail acharné, la créativité et l'innovation. Un chrétien qui est devenu riche en semant simplement n'aide pas à construire une meilleure communauté et son message ne devrait pas être glorifié au lieu de glorifier quelqu'un qui a gagné de l'argent par le travail acharné et la persévérance.

Nous devons prêcher un évangile de travail acharné, stimuler les membres de nos églises à produire, multiplier et remplir selon la parole de Dieu. Demander aux membres de nos églises à donner sans pour autant leur montrer comment produire c'est de l'escroquerie et la manipulation spirituelles. La Bible dit que celui qui ne travaille pas ne mange pas. Ces habitudes de crier seulement à la prospérité ou de répondre que « je recois » ne suffisent pas, car la foi sans œuvres est une foi morte. Encouragez les membres à exploiter toutes les opportunités qui s'offrent et qui leur permettent des gagner honnêtement leur vie. Vous devez encourager la créativité, l'innovation et la bonne gouvernance afin de changer vos communautés. Il est temps pour les predicateurs africains de se lever et de révolutionner la mentalité de ses fidèles en les incitant à une vie active qui doit concrétiser les promesses des bénédictions de l'Eternel. Le spirituel doit déclencher le matériel et le matériel doit contribuer grandement au spirituel. Une église majoritairement pauvre sera un cimetière en devenir ou un hôpital des malades chroniques.

La Corée du Sud a été indépendante la même année que la plupart des pays d'Afrique, mais aujourd'hui elle s'est développée d'une manière spectaculaire après la prise de conscience qu'elle pouvait changer et se propulser financièrement. Tel est aussi le cas de la Chine, du Japon, de la Malaisie qui ne sont pas des pays chrétiens. Il ne s'agit pas de crier « amen ou je reçois », mais de prendre une bonne décision et posséder un bon niveau de compréhension. La prière n'est pas dans l'équation du succès mais la compréhension et la prise de décision sont en équation de succès.

Les Africains sont plus influencés dans leurs mentalités par les croyances colonialistes qui mettaient l'accent sur le spirituel au détriment de finances ou de la richesse. Par exemple, La République Démocratique du Congo en 1908, le roi Léopold 2 de la Belgique a envoyé les missionnaires au Congo avec la mission d'enseigner au peuple congolais d'aimer Dieu et de haïr la richesse afin de prendre le contrôle et dominer le peuple congolais. Il a été dit "celui qui a de l'argent est au contrôle". C'était un agenda diabolique, afin d'aveugler les yeux des congolais au pillage systématique de leurs richesses. Ce qui fait qu'aujourd'hui lorsqu'un prédicateur prêche ou enseigne sur l'argent dans l'église, tout le monde commence à penser que ce prédicateur est un escroc. Pour eux, une bonne prédication est celle qui parle toujours au sujet du ciel oubliant qu'avant d'aller au ciel, nous devons jouir sur la terre.

Pour ceux qui vivent en occident, et qui y demeurent depuis plus de quinze ans sans faire un effort de parler la langue de ces lieux, vous préférez vivre des allocations sociales, il vous sera difficile de sortir de la pauvreté. Inspirez-vous de l'exemple des chinois, aussitôt qu'ils résident dans un pays étranger, au bout de deux ans, ils parlent déjà la langue du pays et s'engagent dans les affaires. Donc, si votre vie financière est en désordre, ne blâmez personne d'autre que vous par manque d'ambition. Croire que Dieu fera tout pour vous sans faire une action concrète serait une grosse erreur.

Détrompez-vous, vous deviendrez riche sans moindre effort de votre part. Beaucoup de gens sont morts sans avoir vu ce jour qu'ils attendaient. Le succès financier concerne les personnes qui ont mis en place des stratégies. Les gens qui s'attendent toujours qu'un jour ils seront riches sans aucun plan se trompent eux-mêmes. La richesse est pour les gens qui travaillent dur et ont des stratégies pour sortir du manque d'argent.

Nous sommes passé par là et que nous en connaissons quelque chose. Nous pensions que nous pouvions devenir riche sans moindre effort. Il nous a fallu mettre en place des stratégies et prendre des mesures, pour voir nos finances changer. Espérer qu'un jour vous aurez de l'argent sans aucune stratégie en place est une grosse perte de temps. Si vous êtes ce genre de personne qui attend ce « jour », vous pourriez attendre longtemps sans le voir venir. C'est comme attendre que tous les feux de circulation soient verts depuis sept kilomètres avant de commencer le voyage. Si vous avez ce genre de mentalité, vous allez faire un cercle vicieux financièrement et vous ne verrez aucun changement dans vos finances. Plus vous pensez que l'argent est réel, plus vous travaillerez dur pour cela. Le manque d'objectifs financiers peut aussi créer une pauvreté extrême qui dure toute la vie et la transmettre à la génération suivante.

Vous devez vous asseoir et vous poser des questions suivantes: • Pourquoi ma vie financière ne change pas?

- Pourquoi je travaille depuis de nombreuses années mais je n'ai rien de valeur à montrer?
- Comment puis-je sortir de ce manque financier?
- Comment puis-je améliorer mes finances?
- Comment puis-je augmenter mes revenus?
- Comment puis-je obtenir assez d'argent?
- Que faire pour réussir financièrement
- Comment puis-je avoir un certain montant d'argent avant la fin de l'année?

- Que puis-je faire pour investir dans certaines entreprises?
- Pourquoi est-il si difficile d'économiser de l'argent?
- Comment puis-je réduire mes dépenses et augmenter mes économies

Lorsque vous développerez l'habitude de vous poser les questions ci-dessus, votre vie financière prendra un nouvel élan et vous serez sur la bonne voie pour réussir financièrement. La Bible dit "demandez et vous recevrez" vous ne pouvez pas recevoir de nouvelles idées si vous ne posez pas de questions, vous recevrez seulement des réponses pour toutes les questions que vous posez. Ne laissez pas la vie vous contrôler, vous devez contrôlez la vie. Vous devez défier tout ce qui ne bloque votre vie. Plus vos questions sont grandes, plus vous défiez votre raisonnement. Apprenez à vous poser des questions qui vous étirent derrière votre niveau actuel d'expérience. Lorsque vous vous posez des questions, vous vous donnez l'occasion de développer votre capacité de réflexion. Lorsque nous ne savons pas quelque chose, nous faisons toujours de notre mieux pour savoir ce qui doit être fait pour arriver à un résultat. Ne prenez pas un « non » pour une option, mais chercher toujours à trouver une réponse. Lorsque vous posez une question et que vous obtenez la bonne réponse, vous vous sentez bien et cela ajoute quelque chose de nouveau à votre connaissance. Savez-vous que vous pouvez même contrôler la façon dont vous vous sentez en posant des questions? Lorsque vous posez des questions, faites partie de votre façon de penser habituelle, vous devenez une personne puissante et paisible. Plus vous avez la réponse à vos questions, plus elle vous permet d'atteindre votre plein potentiel. La question que vous posez détermine le type de résultats que vous obtiendrez dans votre vie. Au lieu de parler de la vie des autres personnes qui ne vous mènera nulle part, vous devez vous concentrer sur votre propre vie. Les gens qui n'ont pas d'argent parlent de ceux qui ont de l'argent, mais les gens qui ont de l'argent parlent des idées, comment ils peuvent augmenter leurs finances. Pendant que certains perdent leur temps à parler de ceux qui ont de l'argent, ces gens gagnent de l'argent.

Notre dialogue interne en dit long sur le fait que notre dialogue externe, la plupart du temps, les personnes reçoivent des réponses de leur dialogue interne. Chaque fois que vous avez entendu quelque chose de l'extérieur, il faut l'interner pour le traiter avant de prendre des mesures. Si vous contrôlez votre dialogue interne, vous êtes au sommet du jeu. Les gens passent le plus clair de leur temps sur le dialogue interne plutôt que sur le dialogue externe. Notez que les questions ci-dessus traitent de qui vous voulez être riche ou pauvre, avoir de l'argent ou vivre sur le manque ou le stress de l'argent. Si vous prenez le temps de répondre honnêtement à ces questions, vous vous repositionnerez sur le chemin de la liberté financière. Lorsque vous répondez à ces questions, vous devez être précis. Plus vous êtes précis, plus vous verrez clair. Découvrez comment vous voulez vraiment que votre vie financière devienne, n'essayez pas de vivre la vie comme tout le monde. Ce n'est pas parce que tout le monde autour de vous n'a pas d'argent, alors vous devriez être comme eux. Vivre une vie de médiocrité comme tout le monde autour de vous, c'est un piège. Rappelez-vous que vous déterminez ce que vous faites et ce que vous avez. Quand vous pensez différemment, vous agissez différemment et obtenez des résultats différents.

Enseignez à vos enfants les principes de l'argent, Si la plupart des gens ont appris quelques règles de bon sens sur la gérance de l'argent, la plupart des gens ne manqueront pas d'argent aujourd'hui. Les connaissances que vous acquérez grâce à ce livre, faites de votre mieux pour les enseigner à vos enfants afin de les aider à éviter les erreurs que vous avez commises sur la gérance de l'argent. Quand vous enseignez à vos enfants l'argent, même si le gouvernement ou la société les bombarde constamment pour faire exactement le contraire de tout ce que vous leur avez enseigné, ils résisteront toujours à cause de leurs connaissances.

La semence de la connaissance que vous plantez dans vos enfants à un âge précoce ne s'en écartera pas facilement, la plupart du temps, elle restera avec eux.

Enseignez-leur à décider d'être riche à un plus jeune âge afin qu'ils puissent créer un système de richesse et ils auront une vie libre du stress de s'inquiéter de l'argent comme vous l'avez fait. Tant que vos enfants savent quoi faire et peuvent prendre des dispositions pour le faire, ils ne manqueront jamais d'argent. Manipuler de l'argent est un jeu mais il faut savoir comment le faire. Personnellement, nous essayons d'inculquer à nos deux enfants que le Seigneur nous a donnés les principes de l'argent lorsque je leur donne les allocations hebdomadaires. Nous leur rappelons toujours de garder quelque chose en leur fournissant quelques principes. Nous échangeons hebdomadairement sur leurs finances et leurs économies et les encourageons à le faire régulièrement. Nous leur disons qu'à chaque fin de mois qu'ils doivent nous montrer combien ils ont économisé et nous pouvons leur donner de l'argent supplémentaire dans le but de les encourager à continuer leur épargne. Ce que nous avons fait, c'est que nous avons planté une semence pour qu'ils grandissent avec cela dans leur esprit quand ils seront grands.

Un jour, notre fils ainé est venu nous montrer combien d'argent il avait déjà économisé. Nous étions émerveillé par cette expérience et nous l'avons encouragé de persévérer. Dans la suite de notre échange, il nous présenta de son projet dans lequel il investira son Capital.

Si vous avez des dettes, faites ceci

Si vous devez des dettes de carte de crédit, alors l'ordre dans lequel vous faites les choses devrait changer. Si vous voulez sortir de la dette de carte de crédit ou d'autres dettes, voici ce qu'il faut faire: vous devez réduire le montant que vous économisez sur votre compte bancaire, à titre d'exemple, si vous économisez 10%, vous devez l'abaisser à 5% par exemple et vous concentrer pour payer le reste de votre argent à vos dettes, parce que cela n'a pas de sens d'avoir beaucoup d'argent dans votre compte d'épargne pendant que vous payez beaucoup d'argent sur votre dette de carte de crédit ou autres dettes. Une chose que vous devez éviter est d'emprunter afin de payer d'autres dettes, quand vous êtes dans des dettes n'empruntez pas plus car en empruntant plus vous rendez la fosse de dettes plus grande. Cette façon de procéder, vous conduira de plus en plus dans le fond de l'abîme. Payez vos dettes maintenant pendant que vous économisez de l'argent parce que l'intérêt sur votre carte de crédit va toujours plus croissant; dès que vous finissez de le payer vous économiserez vous-même le temps et plus d'argent.

Pour la plupart des gens, la dette peut être un piège qui les oblige à travailler plus longtemps qu'ils ne devraient le faire. Ce qui rend les gens endettés sont de mauvaises habitudes telles que l'accumulation d'un gros solde sur les cartes de crédit qu'on rembourse lentement, voire pas du tout. Vous pouvez être blessé et retenu par des habitudes comme celles-ci, ou vous pouvez prendre des mesures pour les briser. L'une des leçons les plus importantes en ce qui concerne les finances est que n'empruntez jamais afin de réussir financièrement. Si vous êtes endetté, vous devez reprendre le contrôle de vos cartes de crédit et rester à l'écart de la dette à l'avenir. Si vous décidez de pratiquer ce que vous lisez dans ce livre, vous rembourserez sûrement votre dette et vous serez financièrement prospère. Par exemple, si vous payez 50 dollars par mois sur un solde créditeur de 5 000 dollars, vous finirez par devoir effectuer environ 100 paiements mensuels ou 9 ans avant de terminer les paiements. Cela inclut l'intérêt. Et la plupart du temps l'intérêt sur la carte de crédit va haut. Supposons que vous ayez deux autres crédits à payer, il vous faudra peut-être au moins 25 ans avant de passer à zéro, quel gâchis. De nombreux frais de carte de crédit vont a 18% d'intérêt annuel et certains compagnies facturent même des taux plus élevés jusqu'à 30%. En fin de compte, vous ne pouvez pas réussir financièrement si vous accumulez des soldes de cartes de crédit et ne payez que le minimum dû. Tout ce que vous accomplirez en faisant cela rend la compagnie de carte de crédit riche, tandis que vous devenez de plus en plus pauvre. Beaucoup de gens ont enrichi la compagnie de carte de crédit; plus vous utilisez leur carte de crédit, plus vous faites de ces sociétés riches et vous-même pauvres.

À partir d'aujourd'hui, décidez de rembourser automatiquement la carte de crédit et ne plus jamais l'utiliser. Certaines personnes sont heureuses quand elles ont 8 000 dollars dans leur carte de crédit, rappelez-vous que ce n'est pas votre argent, c'est l'argent de la compagnie de carte de crédit, chaque fois que vous l'utilisez, vous devez rembourser avec intérêt. Cela vaut la peine de répéter, rappelez-vous chaque fois que vous voyez l'argent dans votre carte de crédit, vous devez vous rappeler que ce n'est pas votre argent quand vous le touchez, vous allez rembourser avec intérêt et vous jeter dans plus de dettes.

La chose la plus dangereuse au sujet de la dette de carte de crédit peut être combien il est facile d'être aspiré. Juste un jour de shopping peut vous prendre cinq ans pour rembourser. Donc, la prochaine fois que vous êtes proposé par une compagnie de carte de crédit, dites Non, Non et Non, vous vous éviterez de stress et de l'anxiété.

Déclarez à partir d’aujourd’hui plus question de dettes. Certaines personnes empruntent de l'argent pour acheter des biens, d'autres empruntent de l'argent pour gagner de l'argent, alors à quel groupe appartenez-vous. N'utilisez la carte de crédit que si vous achetez quelque chose dont la valeur augmente ou que vous en tirerez de l’argent (immobiliers, bijoux. Aussi, vous devez trouver un intérêt dans la carte de crédit avant de l'utiliser. Le seul emprunt de temps est logique quand vous le faites pour acheter quelque chose qui peut monter en valeur. Au Royaume-Uni, par exemple, il a été dit que “deux personnes sur cinq vivant au Royaume-Uni doivent en moyenne 3 000 dollars sur leurs cartes de crédit”. Donc, si vous payez 50 dollars sur l'intérêt de 18% chaque mois, vous devrez payer 4 732 dollars au total afin de rembourser le solde.

Si vous avez une dette de carte de crédit et que vous voulez vous en débarrasser, vous devez cesser d’y creuser et débarrassez-en. Rappelez-vous ce principe, ce que vous ne pouvez pas voir vous ne pouvez pas l’utiliser. C'est aussi simple que ça. Si vous avez une carte de crédit, laissez-la à la maison, cela vous aidera à arrêter de creuser dans le trou. Si vous voulez rembourser votre carte de crédit le plus rapidement possible, voici ce que vous devez faire: nous avons dit que vous devez payer environ 10% de votre revenu, donc si vous avez des dettes, divisez-les par deux, c'est-à-dire l'autre moitié paie à votre dette de carte de crédit ou d'autres dettes que vous devez. Disons par exemple que vous vous payez 300 dollars tous les mois donc divisés en deux en gardant 150 dollars pour vous et les 150 dollars restants à vos dettes. Lorsque vous faites cela, vous allez accélérer le paiement de vos dettes et vous rembourser vos dettes dans un court laps de temps. Si vous êtes sérieux, vous effacerez vos dettes rapidement et vous pourrez vous concentrer sur vos économies. Lorsque vous avez fini de rembourser votre dette de carte de crédit, veuillez l'enterrer, c'est-à-dire fermer tous les comptes de carte de crédit et décider de ne jamais regarder en arrière.

Les Stratégies pour sortir des dettes

La Bible permet-elle de s'endetter? Quelle est la position de la Bible vis-a vis de l'endettement?

« Ne devez rien à personne, si ce n'est de vous aimer les uns les autres, car celui qui aime les autres a accompli la loi. » (Romains 13:8) Dans le livre de Deutéronome, il est écrit : « En fait, il ne doit pas y avoir de pauvres parmi vous, car l'Eternel votre Dieu veut vous combler de bénédictions dans le pays qu'il vous donne comme patrimoine foncier pour que vous en preniez possession à condition toutefois que vous l'écoutiez pour obéir à tous les commandements que je vous transmets aujourd'hui et pour les appliquer, car l'Eternel votre Dieu vous bénira comme il vous l'a promis. Alors vous prêterez de l'argent à beaucoup de nations étrangères, sans jamais avoir besoin d'emprunter. En effet, vous dominerez beaucoup de nations, et aucune ne vous dominera. » (Deutéronome 15 :4-6)

L'endettement ne fait pas partie du plan de Dieu pour nous. Il y a beaucoup de dangers attachés au fait d'emprunter. En effet, celui qui est endetté est esclave de celui qui lui a prêté. (Proverbes 22 :7). Bien-aimés, c'est pour la liberté que Christ nous a affranchis. Il nous a rachetés pour que nous dominions et non pour que nous soyons dominés et tenus en esclavage.

Origine

Voilà un bien étrange proverbe, surtout si l'on s'arrête uniquement à l'aspect pécuniaire, car chacun sait qu'enlever de l'argent de sa propre bourse (lorsqu'on paye sa dette) appauvrit plutôt. Mais c'est oublier l'aspect psychologique de la chose: en effet, avoir des dettes est un poids qu'on porte et qui mine partiellement le moral (du moins celui des gens honnêtes ou scrupuleux). Une fois sa dette réglée, on s'est libéré de ce poids et on peut alors vivre sa vie pleinement sans remords, même si c'est sans argent, mais avec un 'enrichissement' purement moral.

En réalité, cet ancien proverbe est très moraliste. Son existence était principalement là pour réguler l'économie et convaincre les emprunteurs qu'ils ne doivent pas oublier de rembourser leurs dettes (même si autrefois, l'usage de la force pour 'inciter' au remboursement était souvent monnaie courante).

Voici quelques conseils:

- Déterminez si vous pouvez vous permettre de payer le paiement mensuel total jusqu'à ce que votre dette soit remboursée.

- Si possible, augmentez le montant que vous payez sur votre carte de débit afin de rembourser le plus rapidement possible
- Décidez quelle dette payer en premier (taux d'intérêt le plus élevé ou inférieur?)
- Payez vos dettes une par une car il est difficile de payer toutes vos dettes à la fois
- Pendant que vous payez vos dettes, n'oubliez pas d'épargner
- N'empruntez jamais pour payer vos dettes
- Ne pas utiliser la dette de carte de crédit pour acheter des biens ou quelque chose qui n'ajoute pas de valeur
- Cessez d'utiliser la carte de crédit, sinon vous allez creuser plus profondément dans le trou de la carte de crédit et il faudra beaucoup de temps pour en sortir.

Vous devez savoir que votre voyage vers le succès financier commence maintenant et n'attendez pas demain peut-être que vous n'aurez pas l'occasion de commencer. Beaucoup de gens savent qu'ils peuvent faire quelque chose de bien pour changer leur vie, mais ils remettent toujours à plus tard, quand vous tergiversez, vous serez pris au piège dans le trou financier que vous êtes en ce moment. Si vous ne faites pas les choses que vous savez que vous devriez faire comme celles que vous lisez dans ce livre, alors vous n'êtes pas prêt pour la réussite financière. Ne cherchez pas à inventer des raisons d'ignorer la bonne chose que vous savez que vous devriez faire.

Certaines personnes pensent que le succès financier est un travail difficile et d'autres ont même dit que cela semble facile à être vrai. Ils lisent un livre comme celui-ci et ont de nouvelles connaissances, mais ils ne prennent pas le temps de pratiquer ce qu'ils ont lu. Nous discutions sur les finances un jour avec un ami qui est très intellectuel avec une licence d'université qui nous a lâché qu'il est difficile de réussir financièrement car la plupart des millionnaires que nous voyons ne sont pas de vrais millionnaires et l'argent qu'ils ont n'est pas une réalité. Nous étions si choqué d'entendre un tel argument venant d'un intellectuel Beaucoup de gens sont comme cet ami, ils ont des connaissances, mais ne les mettent pas en pratique; évitons pareilles personnes. Vous avez fait une action positive de lire ce livre alors commencez déjà à agir sur les idées que vous avez apprises sur la réussite financière. Les principes que vous avez appris dans ce livre sont si simples pour vous propulser dans les hautes sphères de la richesse. Que personne ne vous trompe, peu importe les circonstances dans lesquelles vous vous trouvez financièrement, il est tellement plus facile de profiter de la vie quand vous savez que vous avez de l'argent dans votre compte bancaire.

Celui qui a l'argent, sait répondre à tous ses maisons quelles que soient les circonstances: vol, incendie, maladies, etc.

CHAPITRE V
Dix opportunités d'affaires adaptées Pour l'Afrique

La question qui peut embêter certains est celle de savoir dans quels domaines d'affaires investir. L'entrepreneuriat est un défi, et exige de l'imagination. Les entreprises sont nées de l'identification des besoins de l'environnement donné qu'on traduit en affaires.

Tout d'abord, si vous voulez démarrer une entreprise en Afrique, vous devez très bien étudier le terrain, vous devez y aller physiquement et enquêter, ne laissez personne le faire pour vous. Deuxièmement, si vous vivez à l'étranger, vous devez vous déplacer physiquement où votre entreprise est surtout quand elle vient de juste commencer, et ne pas laisser à quelqu'un d'autre la conduire. Allez sur place, lancez votre affaire et restez-y pendant un temps pour voir l'évolution et dès que les bases sont solides, formez ou cherchez quelqu'un qui a la même vision que vous pour la gérer.

Voici à titre indicatif, certains domaines dans lesquels vous pouvez vous lancer ou investir en Afrique. Dans les affaires, vous devez rêver gros, mais commencez petit. Cela inclut tout ce que vous faites dans la vie. Rappelez-vous avant toute entreprise de vous épanouir, vous devez avoir plus de patience et de persévérance. L'homme doit pouvoir satisfaire les besoins physiologiques de base.

Le Divertissement

Tony Robbins a dit "nous sommes dans un âge de divertissement." Le divertissement est aujourd'hui devenu une industrie en croissance rapide qui détient une opportunité d'affaires de plusieurs milliards de dollars. Les gens continuent à chercher des activités qu'ils peuvent apprécier et qui peuvent constituer un divertissement. Vous pouvez organiser des activités où les gens vont venir profiter, se détendre et s'amuser. Tels qu'un concert de musique, un spectacle d'humour, un spectacle de danse et un cinéma.

Le Magasin d'habillement

Chaque être humain a besoin de vêtements pour couvrir le corps selon les saisons. Tout le monde, qu'il soit riche ou pauvre, doit porter des vêtements pour protéger son intimité et sa dignité. Dans le monde d'aujourd'hui, les vêtements ont plus de valeur que la nourriture.

Beaucoup de gens préfèrent dépenser beaucoup d'argent dans l'habillement que dans la nourriture. C'est une opportunité d'affaires énorme pour les entrepreneurs parce que les demandes sont énormes. En outre, les différentes personnes utilisent des vêtements différents, certains peuvent se permettre des vêtements coûteux et des vêtements bon marché. Comme un entrepreneur, vous avez besoin de faire l'étude avant de vous lancer dans ce genre d'activités. Vous pouvez démarrer une boutique de vêtements ou vous exposerez toutes sortes de vêtements, chaussures et autres accessoires.

Les Téléphones portables, accessoires et atelier de réparation

Les téléphones portables sont devenus les meilleurs amis et moyens par lesquels les affaires peuvent se traiter. Les communications téléphoniques permettent de joindre tous les coins d'affaires malgré la distance géographique.

La Chine a gagné le marché en Afrique et dans d'autres continents en produisant des téléphones portables bon marché. Les Africains ont adopté les téléphones mobiles à travers toutes les classes sociales, les pauvres, en particulier dans les zones rurales, utilisent couramment des téléphones portables très basiques. Ceux qui ont de l'argent utilisent des smartphones comme tout le monde aujourd'hui veulent être sur WhatsApp, Facebook et autres applications. Sans smartphones, vous ne pouvez pas être sur ces réseaux sociaux. Lorsque vous ouvrez votre boutique, vendez des téléphones portables bon marché et coûteux afin d'attirer tout le monde dans votre entreprise. Alors que vous avez mis en place ce magasin de téléphonie cellulaire, ajoutez un service de réparation afin que les gens viennent réparer leurs téléphones en cas de problème.

Vous devez employer un ingénieur de téléphone portable. Lors des études du marché, vous pouvez connaitre les besoins réels de votre environnement ou de l’environnement dans lequel vous voulez implanter vos affaires.

L'industrie alimentaire

Nous mangeons d'abord, puis nous faisons tout le reste. La nourriture occupe une place très importante dans la vie humaine, et il est impossible de se passer de la nourriture. L’homme peut manquer tout, mais pas les habits et la nourriture. Le secteur agricole et les industries alimentaires en Afrique sont en plein essor dans la mesure où la population montante et grandissante conduit aux nouvelles exigences sur le plan alimentaire telles que les variétés de nourriture sur leurs tables. Chaque fin de la semaine, ou dans les soirées, les familles et amis se retirent. Ils veulent se détendre et affermir leurs relations autour de table.

Si vous souhaitez entrer dans cette entreprise, vous pouvez participer à tout ce qui contribue au processus de la chaîne alimentaire jusqu'à ce que la nourriture arrive à la bouche humaine. Il y a une chaîne de choses qui doivent être faites avant que la nourriture soit prête à arriver à la bouche de quelqu'un. Vous pouvez établir une affaire dans cette entreprise de traitement de chaîne alimentaire. L'industrie alimentaire est vaste, vous devez être spécifique dans quel domaine vous souhaitez créer votre entreprise. Des exemples d'entreprises alimentaires: vous pouvez commencer avec la ferme et l'agriculture pour produire des légumes, des fruits, même la vente d'ingrédients alimentaires. Vous pouvez également mettre en place un restaurant de vente de toutes sortes de plats.

Les Soins personnels

Il y a trois choses importantes que les humains ne peuvent pas s'en passer: la nourriture, les vêtements et les soins personnels. Quand nous parlons de soins personnels, cela implique de l'eau et des savons. Pour l'aide de savon instantané avec l'hygiène humaine c'est l'exigence quotidienne de laver les corps et vêtements.

Cependant, dans de nombreuses régions d'Afrique, en particulier dans les villages, le savon reste un élément très important. Dans certains villages d'Afrique, jusqu'à présent, les gens se lavent le corps sans savon parce qu'ils n'ont pas les moyens d'acheter un savon. Maintenant pouvez-vous imaginer si vous pouvez fabriquer votre propre savon et le vendre aux villageois. Vous pouvez regarder des clips de fabrication de savon sur YouTube afin de vous inspirer ou d'employer quelqu'un qui sait comment faire du savon et vous pouvez commencer à partir de là. Soyez clair sur le marché que vous ciblez avant de commencer cette activité. Le savon est très demandé en raison de son utilisation quotidienne, pour laver les corps, nettoyer les vêtements et laver la vaisselle. Quand il s'agit de soins personnels afin de répondre aux besoins humains vous pouvez vendre, savon liquide ou solide, savon pour les mains, liquide vaisselle, shampoo, dentifrice, brosse à dents, parfum, déodorant, crème pour le corps, papier hygiénique, serviettes hygiéniques, maquillage produit.

Le Salon de beauté et salon de coiffure

Une personne moderne ne laisse pas les cheveux en désordre à l'extérieur de leur maison, elle s'assure que ses cheveux ont l'air bien avant d'aller se mêler à d'autres personnes. La plupart des hommes urbains africains ont tendance à avoir une coupe de cheveux régulière et à s'assurer que leurs cheveux sont bien rasés. Alors offrez-leur un bon travail en utilisant une machine professionnelle et d'autres accessoires. D'un autre côté, les femmes exigent un éventail de services plus large que les hommes. Cela comprend tout de la coiffure de base et le tissage à la fixation des perruques et des extensions de cheveux artificiels. Les autres services comprennent des services de manucure, de pédicure et de maquillage professionnel. Pour réussir dans cette entreprise, vous pouvez offrir ce qui manque sur le marché, tels que l'offre de traitements de beauté qui sont disponibles dans l'ouest, mais presque pas entendu parler de l'Afrique.

Les Services de nettoyage à sec et de blanchisserie

La demande de services de blanchisserie augmente en Afrique pour deux raisons intéressantes. Étant donné que peu de personnes peuvent s'offrir des machines à laver, le lavage, qui est généralement faite à la main dans de nombreuses parties du continent, a toujours été et reste un processus fastidieux. Une majorité de gens dans la ville préfère payer pour la commodité que de s'engager dans cette activité. Cette activité est rarement dans de nombreuses parties des villes d'Afrique. Quand nous allons à Kinshasa en RDC, dans la région où nous séjournons, il n'y a qu'une seule maison de nettoyage à sec et de blanchisserie. Tout le monde dans cette zone va à ce magasin particulier pour obtenir leurs vêtements lavés et séchés. C'est une bonne affaire car beaucoup de gens en Afrique lavent encore leurs vêtements à la main.

Ceux qui ont des vêtements coûteux ne seront pas en mesure de les laver avec les mains, donc ils auront besoin de votre service. Si vous songez à cette entreprise, n'oubliez pas que ce type d'entreprise a besoin d'électricité et d'eau pour fonctionner correctement.

Les Services d'éducation

Le système éducatif africain est en état de crise grave. Un enfant sur trois ne va pas à l'école car les parents n'ont pas les moyens de payer des frais de scolarité élevés pour leurs enfants. La qualité du système éducatif en Afrique est vraiment déplorable que si vous mettez en place des structures scolaires de valeur, vous aurez la population derrière vous.

Dans un pays comme la République Démocratique du Congo où la qualité des infrastructures scolaires laisse à désirer, vous pouvez saisir cette opportunité et créer la meilleure école où les jeunes pourraient recevoir une meilleure instruction. Beaucoup d'Africains apprécient et comprennent la valeur de l'éducation et de la formation pour pourvoir sortir leurs enfants de la pauvreté. Les riches comme les pauvres investissent une part importante de leur revenus dans l'éducation de leurs enfants. Lorsque vous établissez une bonne école primaire et secondaire ou même une université et que vous offrez des services solides et que vous bâtissez une réputation, les gens n'auraient pas le choix et viendront à votre école. Pour commencer, vous pouvez commencer avec l'école primaire et secondaire car c'est une base dans l'éducation des gens. L'éducation de mauvaise qualité offerte par les écoles existantes a créé une énorme opportunité pour les gens intelligents qui peuvent offrir une meilleure éducation pour reprendre l'entreprise. En dehors de l'école primaire et secondaire, vous pouvez également penser à mettre en place un service de formation et d'apprentissage où vous pouvez former les compétences des gens pour les possibilités d'emploi. L'école anglaise sera aussi une bonne idée car la langue anglaise est devenue une langue d'affaires mondiale, de plus en plus de gens sont intéressants à apprendre l'anglais. L'éducation au développement personnel comme: les affaires, le succès, les programmes de renforcement de la confiance, les programmes d'autonomisation des hommes et des femmes, comment construire des programmes de relations plus heureux et des programmes informatiques.

Le Transport de véhicules et services de pièces automobiles

La croissance démographique rapide en Afrique impose de nouveaux besoins en matière de transport. Prenons l'exemple de la République Démocratique du Congo, il y a une pénurie de transports publics. Les transports publics du Gouvernement ne sont pas en mesure de fournir des services à l'ensemble de la population si bien que le transport privé devient une nécessité.

De nombreuses personnes ne sont pas non plus en mesure de s'offrir leurs propres véhicules dont elles ont besoin pour leurs entreprises. Cependant, il existe toujours des systèmes de transport fiables et persistants pour satisfaire ces besoins. Dans la ville de Kinshasa par exemple, les gens attendent longtemps dans des arrêts pour se rendre à destination. Lorsque vous pensez aux affaires de transport, pensez aux personnes et aux biens. Par exemple, les motos sont devenues une énorme entreprise en Afrique à de nombreux endroits où les voitures ne peuvent pas entrer en raison de mauvaises routes, mais les motos le feraient. L'énorme demande pour les motos en Afrique reste persistante et beaucoup de gens veulent aller vite lorsqu'ils assistent à leurs affaires. Les voitures sont également très demandées en Afrique où les voitures d'occasion dominent actuellement le marché automobile. Les bus sont la forme la plus courante de transport de masse en Afrique en raison de l'augmentation de la population. En République Démocratique du Congo, par exemple, le transport ferroviaire est presque inexistant pour satisfaire les masses, grâce aux bus qui aident les masses. Lorsque vous envisagez de créer une entreprise de transport, pensez aux motos, aux voitures, aux autobus et aux camions. Tous ces véhicules ont besoin des pièces, donc en raison de mauvaises routes en Afrique, les véhicules se cassent souvent, alors avoir une maison des pièces de rechange de voiture ferait de l'argent.

Le Café Internet et services informatiques

L'Internet est en train de devenir un outil essentiel pour de nombreuses personnes en Afrique.il a été trouvé que "l'Afrique avait environ 240 million d'utilisateurs d'Internet à la fin de 2013, ce qui représente plus de 21% de la population du continent." Cela signifie que beaucoup d'Africains n'ont toujours pas accès à Internet. Il fournit une plate-forme affective et plusieurs avantages significatifs pour les petites et grandes entreprises. À côté d'Internet, il existe également un marché florissant pour les technologies de l'information (IT) en Afrique. Au fur et à mesure que l'Internet se répand et que le besoin d'outils et de services informatiques modernes continue d'apparaître, le matériel informatique et les logiciels sont en demande sur le marché africain. En raison de cette pénurie d'outils Internet et informatiques sur le marché, vous pouvez mettre en place un cybercafé sophistiqué et un magasin informatique où les gens pourraient répondre à leurs besoins.

Assurez les choses importantes dans votre vie

Le but de l'assurance est de vous protéger contre les grosses pertes que vous auriez du mal à récupérer par vous-même. Il est crucial que vous assuriez les choses importantes et précieuses dans votre vie. Certains types d'assurance que vous devez avoir:

- Assurance-vie
- Assurance habitation
- Assurance santé
- Assurance voiture

Tous ces types d'assurance sont absolument cruciaux pour protéger votre sécurité financière actuelle et future, car ils peuvent se présenter de grandes pertes potentielles que vous auriez du mal à vous-même à gérer. Si vous n'assurez pas ces choses, vous pourriez vous retrouver dans une situation financière très grave dont vous pourriez ne jamais pouvoir vous remettre complètement, ne laissez pas votre vie sur le plan, soyez intelligent dans ce que vous faites, surtout avec vos finances.

Réduisez vos dépenses

La bonne gestion exige de maitriser les entrées et les sorties afin d’en tirer le profit. Vous devez savoir que plus vos revenus augmentent, plus vos dépenses augmentent. Pourquoi de nombreuses personnes prennent leur retraite en dépit de la modicité de leur salaire tout au long de leur vie professionnelle? C'est parce qu'elles ne développent pas un moyen de maintenir les dépenses bas malgré l'augmentation des revenus. Vous remarquerez que chaque fois que votre revenu augmente, votre style de vie est tenté de changer aussi. En conservant de bonnes habitudes de dépenses, vous économiserez de l'argent. Peu importe combien vous gagnez, cela ne semble jamais suffisant, vous vous retrouvez toujours dans la même situation financière dans laquelle vous étiez auparavant.

Il vous suffit de réfléchir à votre comportement quand vous allez faire les courses: si vous avez fait une liste, faites le point sur ce que vous avez acheté en plus de votre liste et vous allez être surpris!

La pub, les promotions, les annonces, tout est fait pour qu'on achète toujours plus. Le shopping est devenu pour beaucoup d'entre nous un loisir, alors qu'à la base acheter devrait être uniquement utile pour se nourrir, s'habiller, et assurer notre vie dans de bonnes conditions.

Pour être financièrement indépendant, vous devez faire un effort conscient pour ne pas trop dépenser, car ce n'est pas combien d'argent vous gagnez qui est important mais combien d'argent vous économisez. Développez la discipline d'économiser l'argent que vous gagnez. L'un des moyens essentiels pour économiser de l'argent est de faire vos dépenses à un rythme plus lent tandis que votre revenu augmente, puis économiser ou investir les restants. Faites de votre mieux pour rendre votre avenir financier sûr. Désormais, faites un effort pour économiser une partie de l'argent que vous gagnez, plutôt que de prendre l'habitude de dépenser plus parce que vous en faites plus. Habituellement, lorsque les gens font plus d'argent, ils ont tendance à dépenser plus d'argent, ce qui les maintient par la suite dans la même situation financière à peu près toute leur vie. Pour être riche, vous devez développer la capacité d'accumuler de la richesse en veillant à ce que vos dépenses augmentent à un rythme plus lent que votre revenu augmente.

Ce n'est pas par nos prières que nous allons devenir riches, mais par des actes. Ici il est question de savoir dépenser judicieusement en réduisant le plus possible les dépenses. Ceux qui pensent que par leurs prières et jeûnes, ils peuvent gérer les dépenses se retrouveront toujours en train de vivre dans la pauvreté.

Prier n'est pas une mauvaise chose, mais la pri8ere nous donne les capacités d'accomplir ce que nous ne pouvons accomplir par nous-mêmes. Il est dit que toute capacité vient de Dieu. Cependant, avoir une capacité c'est une chose mais l'utiliser c'est une autre. Dans l'évangile selon Jean, il est dit qu'a ceux qui ont cru, il leur a donné le pouvoir de devenir. Voilà ce que nous acquerons que nous devons exploiter afin de devenir riche. Les titres académiques ou les qualifications seules ne suffisent pas. Il faut ajouter l'engagement personnel.

Commencez par maîtriser ou contrôler ces habitudes de dépenses, faites de votre mieux pour être au top, car lorsque vous contrôlez tout ce que vous dépensez toujours, vous êtes sur le point de faire équipe avec les habitudes d'épargne. Lorsque l'habitude de l'épargne conquis l'habitude de dépenser vous êtes entré dans la voie du succès financier.

Jésus n'était pas un pauvre

Nous nous demandons pourquoi les gens disent que Jésus était pauvre quand Il était sur la terre, cela est un grand mensonge. Jésus n'était pas pauvre sur la terre, regarder la vie de Jésus de sa naissance à sa mort. La naissance de Jésus: “Quand ils furent entrés dans la maison, ils virent le jeune enfant avec Marie, sa mère, et ils tombèrent et se prosternèrent devant lui, et ils lui présentèrent des présents: de l'or, de l'encens et de la myrrhe”. Matthieu 2 :11

Regardez encore bien ce que les sages ont donné à Jésus comme cadeaux:

- Or
- Encens
- Myrrhe

Tout d'abord, tous ces cadeaux étaient de grande valeur sur le marché et coûteraient très cher. Ces hommes sages qui ont donné les présents à Jésus étaient des gens riches de leur temps. Ce qui révèle que ces trois sages étaient riches, de par la nature des cadeaux qu'ils ont présentés à Jésus. Deuxièmement, ils ont eu un accès facile chez le Roi Hérode. Rappelez-vous que selon les Saintes Ecritures, il est dit que le Roi Hérode les a invités dans son palais pour en savoir plus sur l'Enfant Jésus qui est né.

Tous ces cadeaux présentés à Jésus valent beaucoup d'argent dans le marché d'aujourd'hui. Cela permettra la survie de Jésus et de sa famille et ils ne manqueront jamais d'argent. Joseph le Père de Jésus était un charpentier et c'était un travail noble en cette époque. En tant que menuisier, vous devez avoir une compétence extraordinaire. Pendant le temps de Jésus, beaucoup de personnes particulièrement les pauvres vivaient dans les maisons faites en des herbes mais nous croyons que Joseph et sa famille vivaient dans une maison faite en bois; ainsi ils étaient des personnes les plus riches de leur communauté. Joseph, en tant que charpentier, avait une entreprise à lui. La Bible montre même que Jésus travaillait aussi un moment comme menuisier dans l'entreprise de son père. Ceci révèle que Joseph avait une entreprise de menuiserie avec des employés.

Troisièmement, Marc 15 :23 dit: "Alors ils crucifièrent, et ils se partagèrent son vêtement, pour qu'ils déterminent ce que tout homme devrait prendre". Les soldats ont tiré au sort sur le vêtement de Jésus parce qu'il avait de la valeur, ce qui signifie que Jésus ne portait pas de fracas. Si les soldats pouvaient jeter des sorts à la tunique de Jésus, cela coûterait cher. Si Jésus pouvait se permettre de porter le vêtement coûteux, ce qui signifie qu'il n'était pas pauvre. Quatrièmement, les saintes écritures confirment qu'il était riche. « Car vous connaissez la grâce de notre Seigneur Jésus-Christ, qui pour vous s'est fait pauvre, de riche qu'il était, afin que par sa pauvreté vous fussiez enrichis. » (2 Corinthiens 8-9)

Nous vous demandons pourquoi les gens pensent que Jésus était pauvre sur la terre, Jésus était riche, il avait la capacité de s'offrir tout ce qu'il voulait mais il ne voulait pas le montrer car il était plus concentré sur sa mission que d'exhiber ses richesses. Même les disciples que Jésus a choisis, parmi eux il y'avait aussi des hommes d'affaires. Par exemple Pierre, il était entrepreneur et il avait une entreprise de pêche. Il n'était pas seulement un pêcheur commun, raison pour laquelle il avait l'audace de demander à Jésus Luc 18 :2830 "Voici, nous avons tout quitté, et nous t'avons suivi". Écoutez la réponse de Jésus "quiconque abandonnera son entreprise pour me suivre recevra cent fois dans le temps présent et la vie éternelle dans le futur."

Dans ce passage, Jésus a dit que si vous le suivez, vous en aurez beaucoup en ce temps présent et la vie éternelle dans le futur. Jésus n'était pas pauvre sur la terre alors pourquoi devriez-vous?

Voyons les deux passages bibliques relatifs la richesse qui sont souvent mal enseignés par certains:

1. Matthieu 5: 3 "Heureux les pauvres en esprit, car le royaume des cieux est à eux".

   Ici, Jésus ne parle pas de la pauvreté financière ou matérielle mais en esprit. Être pauvre en esprit ne se signifie pas être pauvre physiquement. Être pauvre en esprit signifie quelqu'un qui est prêt à tout donner pour Dieu et aussi Dieu est la priorité dans sa vie au lieu de la richesse. C'est ce que ce verset dit. Depuis des années, certains prédicateurs ont tordu ce verset à des fins personnelles et particulièrement par les missionnaires occidentaux en Afrique afin de lier les Africains à la pauvreté et leur permettre de piller la richesse de l'Afrique. Ils disaient aux africains: « Il faut être pauvre pour entrer au ciel » pendant qu'eux-mêmes vivaient dans l'aisance matérielle et exportaient des ressources minérales dans leurs pays. Pas étonnant que l'Afrique soit encore loin derrière ces pays occidentaux.

2. Luc 18: 24-25 et quand Jésus vit qu'il était très attristé, Il dit: "Combien il est difficile à ceux qui ont des richesses d'entrer dans le royaume de Dieu! Car il est plus facile pour un Chameau de

> passer par trou d'une aiguilles qu'a un riche d'entrer dans le royaume de Dieu".

Avant d'interpréter la Bible, vous avez besoin d'étudier le contexte, sinon vous pourriez tomber dans le mauvais enseignement. Ici, Jésus parle à un homme qui était financièrement riche. L'homme avait de l'argent et l'argent le contrôlait plutôt au lieu que lui contrôle l'argent. Jésus lui a demandé s'il avait contrôle sur l'argent ou si l'argent avais contrôle sur lui, il lui a dit "va, vends, viens et suis-moi".

Si vous étudiez cette histoire attentivement, Jésus ne voulait pas que le jeune homme perde ses richesses, mais Il connaissait son cœur. Bien que cet homme prétendît marcher dans la justice depuis sa jeunesse, il avait cependant quelque chose qui lui manquait. Jésus voudrait enseignait que lorsque vous aimez l'argent plus que les choses de Dieu ou que vous faites de l'argent votre priorité, alors vous n'êtes pas prêt pour le royaume de Dieu. Jésus n'était pas contre les richesses, mais Il était plutôt contre l'amour des richesses plus que l'amour du royaume de Dieu.

Conclusion

Après toutes les informations que nous avons fournies dans ce livre, nous pensons que nous avons fait notre part; de stimuler et révolutionner les esprits des uns et des autres à sortir de la pauvreté vers la richesse. C'est possible de passer de la pauvreté à la richesse si on accepte de changer la mentalité en développant une mentalité nouvelle qui brise toutes les barrières tant spirituelles que mentales. En parcourant ce livre, vous découvrirez que vous avez perdu votre temps en voulant vivre dans la pauvreté vous imposée par votre environnement. Cependant, les chances sont encore intactes Vous pouvez si vous le croyez. Tout est possible à celui qui croit. Dieu n'a pas créé les riches d'un côté et les pauvres de l'autre; et ne croyez pas et n'acceptez jamais que la pauvreté soit votre destinée car la volonté de Dieu est que vous puissiez prospérer à tous égards. Refusez la pauvreté et démarrez avec ce que vous avez et avec une mentalité nouvelle.

Ce livre n'est pas seulement un livre mais c'est aussi un mouvement, notre souci est de voir les créatures de Dieu réussir financièrement afin de faire avancer le Royaume de Dieu.

Si ce livre vous a touché de quelque manière que ce soit, nous aimerions avoir de vos nouvelles. S'il vous plaît écrivez-nous à jimananga@yahoo.com. Profitez de votre vie pendant que vous êtes sur terre et nous prions pour que vous réussissiez financièrement et nous croyons que vous pouvez y parvenir. Rappelez-vous, pendant que vous vous réjouissez de votre vie sur terre, n'oubliez pas de préparer votre éternité avec le Dieu Tout-Puissant dans les cieux, qui est notre destination finale.

Les effets de la pauvreté dans la société sont désastreux qu'il n'a pas manqué de toucher le cœur de l'auteur qui a voulu par cet ouvrage apporter sa contribution dans le relèvement de la situation financière de ceux qui sont désespérés et étouffés financièrement. Dans son ouvrage, il démontre comment on peut sortir de la pauvreté et vivre une vie différente à partir du néant. Vous trouverez dans cet ouvrage les points suivants:

1. La Pauvreté, Un Péché ou Une Malédiction?
2. Les Facteurs Générateurs de l'Indépendance Financière
3. Les Stratégies pour percer dans les finances.
4. Les Causes de la pauvreté chez les Africains
5. Comment sortir des dettes?

Apôtre Ji Mananga

Responsible de Kingdom Ministries, Enseignant, conférencier/ motivateur, coach, Télévangéliste et entrepreneur. Responsable de la fondation Ji Mananga basée à Kinshasa/DR Congo. Apôtre Ji Mananga est titulaire d'un diplôme en études bibliques, d'un diplôme en développement communautaire et d'une Licence en science sociale de l'Université East London au Royaume-Uni.

www.ingramcontent.com/pod-product-compliance
Lightning Source LLC
Chambersburg PA
CBHW060022210326
41520CB00009B/967
9781527239975